JN074691

税理士事務所における

インボイス・電子帳簿の

実務対応

税理士 **永橋 利志** 著

税務研究会出版局

はじめに

　令和 5 年10月 1 日からインボイス制度がスタートします。その後すぐに電子帳簿保存の宥恕措置が解かれ、電子帳簿保存が広く適用されるようになります。

　税理士事務所や関与先では、事務所内でどのような対策を行うのか、関与先に対してどのように指導するのか、その準備に余念がないことでしょう。

　インボイスや電子帳簿保存については、日々情報の更新が行われていますが、更新された情報を確認するにつれ、まだ誰も経験をしたことのない、インボイスや電子帳簿保存に多少なりとも不安感を抱くこともあるかも知れません。

　一方で、現在の私たちが業務を行う上で活用するICT機器では、すでに電子データによる取引データの授受も行われています。

　ただ、これまでのICT機器は、電子データを作成し、取引相手に送信することを中心に利用され、受信した電子データの保存は、紙出力したうえでファイルに保存するしていることが多かったのではないでしょうか。それは、税務調査等の場面で、書面による調査や確認作業が行われていたからです。

　しかしながら、これからは、税務に係る多くの業務においてデジタル化が進むことを前提に、税理士事務所や関与先で電子データの保存について、どのような対応が合理的であり、業務の効率化につながるのかを考え、準備しなければなりません。

　本書では、インボイス制度がスタートした際の取引に係る記帳方法や税務調整について注意点を、電子帳簿保存については、 3 つの柱である、電子帳簿保存、スキャナ保存、電子取引のポイントをまとめ、税理士事務所や関与先にとって、「こうすればできる」であろう対応方法を解説していきます。

なお、本書は、令和 4 年10月 1 日現在の法令に基づいており、今後の改正によりインボイスの取扱いが一部変更になる可能性もありますが、インボイスに係る基本的な考え方に影響を及ぼすものではありません。

　新しい制度への対応策を検討される際の一助となれば幸いです。

　本書に執筆に当たり、企画段階から編集までご助言をいただき、ご尽力くださいました税務研究会の桑原妙枝子様に心より感謝申し上げます。

令和 4 年10月15日

税理士　永橋　利志

目　　次

第3章　電子帳簿保存

第4章　インボイスと電子帳簿保存への対応

参考資料

本書中の主な用語

現法：令和5年9月30日まで適用する消費税法
新法：令和5年10月1日以後に適用する消費税法
現令：令和5年9月30日まで適用する消費税法施行令
新令：令和5年10月1日以後に適用する消費税法施行令
新規：令和5年10月1日以後に適用する消費税法施行規則
基通：消費税法基本通達
インボイス通達：消費税の仕入税額控除制度における適格請求書等保存方式に関する取扱通達
インボイスＱ＆Ａ：消費税の仕入税額控除制度における適格請求書等保存方式に関するＱ＆Ａ
電法：電子帳簿保存法（電子計算機を使用して作成する国税関係帳簿書類の保存方法等の特例に関する法律）
電規：電子帳簿保存法規則（電子計算機を使用して作成する国税関係帳簿書類の保存方法等の特例に関する法律施行規則）
電通：電子帳簿保存法取扱通達
法令：法人税法施行令
所令：所得税法施行令
インボイス：適格請求書（適格請求書記載項目を具備した請求書、納品書等を含む）
簡易インボイス：適格簡易請求書
返還インボイス：適格返還請求書
電磁的記録：電子的方式、磁気的方式その他の人の知覚によっては認識することができない方式で作られる記録であって、電子計算機による情報処理の用に供されるもの

（注）　本書の内容は令和4年10月1日現在の法令・通達等に基づいています。

第1章

インボイス導入で
何が変わるか

1 消費税法第30条（令和5年10月1日以後適用）

インボイス制度が導入されることで消費税実務において最も影響を受けるのが、控除対象仕入税額の計算です。

現行法では、仕入税額控除の要件として、帳簿及び請求書等の保存が求められています（現法30⑦）。新法においても、同様に帳簿及び請求書等の保存が求められています（新法30⑦）。ただし、新法が保存を求める請求書等はインボイスであることを規定しています（新法30⑨）。

消費税法30条について、新旧の規定を比較すると次のようにまとめることができます。

	新　法	現　法
1項	課税期間中に国内において行った課税仕入れに係る**適格請求書又は適格簡易請求書の記載事項を基礎として計算した金額**その他の政令で定めるところにより計算した金額を課税標準額に対する消費税額から控除する。	課税期間中に国内において行った**課税仕入れに係る支払対価の額に110分の7.8を乗じて算出した金額**を課税標準額に対する消費税額から控除する。
7項	現法と同じ	仕入税額控除は、事業者が課税仕入れ等の税額の控除に係る帳簿及び請求書等を保存しない場合には、当該保存がない課税仕入れについては、適用しない。
8項	帳簿：次の記載があるもの イ．ロ．現法と同じ ハ．課税仕入れに係る資産又は役務の提供の内容（軽減税率適用対象に該当すればその旨） ニ．課税仕入れに係る支払対価の額**（当該課税仕入れに係る資産の譲り渡し等をする事業者に課されるべき消費税額・地方消費税額に相当する額がある場合には、当該相当する額を含む）**	帳簿：次の記載があるもの イ．課税仕入れの相手の氏名又は名称 ロ．課税仕入れを行った年月日 ハ．課税仕入れに係る資産又は役務の内容 ニ．課税仕入れに係る支払対価の額

9項	請求書等：次の書類及び電磁的記録をいう イ. 事業者に対し課税資産の譲渡等を行う他の事業者（適格請求書発行事業者に限る）が、当該課税資産の譲渡等につき当該事業者に交付する適格請求書又は適格簡易請求書 ロ. 事業者に対し課税資産の譲渡等を行う他の事業者が、当該課税資産の譲渡等につき当該事業者に交付すべき適格請求書又は適格簡易請求書に代えて提供する電磁的記録 ハ. 事業者がその行った課税仕入れにつき作成する仕入明細書等で課税仕入れの相手方の氏名又は名称その他所定の事項が記載されているもの ニ. 事業者が仕入れを行った課税仕入れにつき取次ぎ等の業務を行う者から交付を受ける請求書、納品書等で所定の記載がされているもの ホ. 現法と同じ	請求書等：資産の譲渡等を行う他の事業者が、課税資産の譲渡等につき当該事業者に交付する請求書、納品書その他これらに類する書類で、次の記載があるもの イ. 書類の作成者の氏名又は名称 ロ. 課税資産の譲渡等を行った年月日 ハ. 課税資産の譲渡等に係る資産又は役務の内容 ニ. 課税資産の譲渡等の対価の額 ホ. 書類の交付を受ける当該事業者の氏名又は名称

　新法における控除税額は、インボイスに記載された金額を基に計算することを前提とした規定に改められています（太字部分）。また、控除税額計算の基礎となる課税仕入れ等の対価の額の定義も、現法の30条6項において単独で課税仕入れ等の対価の額を定義していたものから新法同8項に定義が置かれました。なお、課税仕入れ等の対価の額について、消費税相当額を含むことについて変更はありません。

2 インボイス導入後の経理処理

■では、インボイス導入後に仕入税額控除の適用要件として、帳簿への記載とインボイスの保存が要件となることを確認しました。

インボイスは、事業者に係る日常取引の多くの場面でやり取りされる書類であり、事業者において会計処理を行う場合の原始資料となります。現法においては、原始資料がインボイスであるか否かにかかわらず（取引の相手方が課税事業者か免税事業者にかかわらず）、当該取引が課税取引に該当すれば、課税仕入れとして控除税額の計算対象に含めた計算をしていました。

インボイス導入後は、課税仕入れであってもインボイスの保存がないものは、原則として仕入税額控除の適用を受けることができません。したがって、インボイス発行事業者以外の者からの課税仕入れについては、その支払対価の額に控除対象となる消費税額は含まれていないこととなります（法令139の4⑤⑥）。

消費税に係る経理処理として、税込経理方式と税抜経理方式がありますが、税抜経理方式によっている場合、インボイス導入後には次の点に注意しなければなりません。

《事例１》　A社は、B商店から事務用備品11,000円（消費税1,000円を含む）を購入した。B社はインボイス不発行事業者である。

この取引について、A社が税込経理を採用している場合には、B商店のインボイス発行の有無にかかわらず、

（借方）（事務用品費）11,000円 ／ （貸方）（現　　　金）11,000円

となり、令和5年10月1日前も同日以後も会計処理に違いはありません。

　これに対し、税抜経理を採用している場合には、令和5年9月30日までと、10月1日以後では、次のように異なる処理をすることになります。

〈令和5年9月30日まで〉

　（借方）（事 務 用 品 費）10,000円　／　（貸方）（現　　　　金）11,000円

　　　　 （仮払消費税等）　1,000円　／

〈令和5年10月1日以後〉

　（借方）（事 務 用 品 費）11,000円　／　（貸方）（現　　　　金）11,000円

　インボイス導入後、不発行事業者からの商品の購入に係る支払対価には、消費税額は、そもそも含まれていないと考えることになりますので、支払対価全額が購入した事務用品の本体価額となります。

3 インボイス導入後の控除税額計算

(1) 概　　要

　2の事例1に基づいて解説します。

　インボイス導入後の控除税額の計算は、A社の経理処理にかかわらず、11,000円の支払対価を基に次の計算を行います。

〈令和5年9月30日まで〉

$$11,000円 \times \frac{7.8}{110} = 780円（消費税額）\cdots ①$$

$$780円 \times \frac{22}{78} = 220円（地方消費税）\cdots ②$$

$$① + ② = 1,000円（控除税額）$$

〈令和5年10月1日以後〉

$$11,000円 \times \frac{7.8}{110} \times \frac{80}{100}^※ = 624円（消費税額）\cdots ①$$

$$624円 \times \frac{22}{78} = 176円（地方消費税）\cdots ②$$

$$① + ② = 800円（控除税額）$$

※　インボイス不発行事業者からの課税仕入れは、原則として控除税額の計算対象となりませんが、経過措置により令和5年10月1日から3年間、標準税率で計算した消費税額の80％相当額が税額控除されます（平28年改正法附則52、53）。

　A社の事業年度が、令和5年4月1日から1年間の場合、年の中途で控除税額の計算が上記のように異なりますので、10月1日以後の取引に係る

経理処理については、

（借方）（事 務 用 品 費）10,200円 ／ （貸方）（現　　　　金）11,000円
　　　　（仮払消費税等）　　800円 ／

となります。支払対価11,000円のうち、本体価格が10,200円で消費税額が800円で、法人税額の計算上10,200円が損金に算入されます。
　インボイス導入を境に控除税額の計算が異なるとともに、法人税法上の損金算入額も異なります。これは、A社が個人事業者である場合にも、同様に控除税額と必要経費算入額が異なるということを意味します。

図1　インボイス導入前後の控除税額の計算と法人税法上の損金算入額の違い

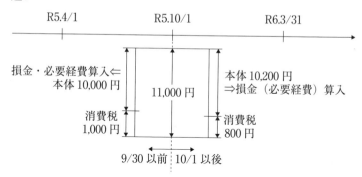

事務所内研修・関与先指導のポイント

① インボイスに該当するために必要な記載事項の確認

↓

・事業者名　・事業者登録番号　・取引金額

・消費税率　・消費税額

　自社発行のインボイスの記載事項を確認するなどして、経理処理上必要となる項目を把握し、社内で共有しておくことも大切です。

② 標準税率適用取引か軽減税率適用取引かの区別

③ インボイスの有無とそれぞれの経理処理の徹底

④ インボイス等書類の保存方法

↓

電子インボイスが発行された場合の取扱い（63ページ参照）

---

(2) 処理に誤りがあった場合

　インボイス導入初年度は、多くの事業者が事業年度の中途で現法による従来からの処理と、新法によるインボイスを基にした処理を区分して、日々の経理処理を行わなければなりません。

　上記(1)の取引について、B商店がインボイス不発行事業者であれば、仮払消費税が800円となりますが、これを従来通り、

（借方）（事務用品費）10,000円 ／（貸方）（現　　　金）11,000円
　　　　（仮払消費税）　1,000円 ／

の処理をした場合には、仮払消費税200円を事務用品費に振り替える処理を行うことになります。しかし、多くの場合、当該処理に遡り直接経理処理を修正することで対応できると考えます。

事務所内研修・関与先指導のポイント

　多くの税理士事務所が使用するベンダーシステムや一般に市販され
ている経理ソフトでは、仕訳入力の際、各取引について、

・課税区分（課税取引・非課税取引・免税取引・不課税取引）

・売上取引対応区分（課税売上げのみ対応・共通対応・非課税売上
　げのみ対応）

・税率区分（標準税率・軽減税率・旧8％・5％）

・インボイスの有無等

を合わせて入力することで、消費税額の計算や消費税申告書の作成が
可能となります。

　日々の仕訳入力が、事業に係る所得金額や税額計算において重要で
あることは、これまでと変わりませんが、インボイス導入後において
は、日々コンスタントに入力処理を行うことの重要性がさらに増しま
す。

　事務所と関与先がそれぞれ使用する経理処理システムが、インボイ
スにどのような対応をするのか、事前に情報を入手しておくことも有
効な対策です。

4 個別事例と経理処理・税務調整

　国税庁は、インボイス制度導入に伴い、「消費税法等の施行に伴う法人税の取扱いについて」（以下「新経理通達」（平成元年３月１日付直法２－１））を令和３年２月に改正し、新経理通達を基に、法人税の所得の計算における消費税及び地方消費税の取扱いをまとめたＱ＆Ａを公表しました。ここでは、特に免税事業者から課税仕入れを行った場合について設例を基に法人税法上の取扱いを中心に確認をします。

設例（1）	免税事業者からの課税仕入れについて経過措置の適用をせず、標準税率等により控除税額を計算した場合

　A社は、令和6年2月にB工務店に建物修繕費330万円（税込み）を支払い、220万円を修繕費として費用計上し、110万円を建物として資産計上しました。

　なおB工務店は、免税事業者であり、A社はインボイスの交付を受けていません。

《本来の経理処理》

　B工務店が免税事業者であることから、控除税額は、経過措置の適用により標準税率10％に基づく税額の80％の控除が認められるので、80％の240,000円が仮払消費税等として計上されます。

　（借方）（建　　　　物）1,020,000円 ／ （貸方）（現　金　預　金）3,300,000円
　　　　　（修　　繕　　費）2,040,000円
　　　　　（仮払消費税等）　240,000円

《A社の経理処理（税抜経理）》

　（借方）（建　　　　物）1,000,000円 ／ （貸方）（現　金　預　金）3,300,000円
　　　　　（修　　繕　　費）2,000,000円
　　　　　（仮払消費税等）　300,000円

《A社の経理処理（税込経理）》

　（借方）（建　　　　物）1,100,000円 ／ （貸方）（現　金　預　金）3,300,000円
　　　　　（修　　繕　　費）2,200,000円

　A社が、B工務店に係る消費税額計算上の経過措置の80％適用をせずに、標準税率の10％控除をした場合、消費税額の計算だけではなく、法人税法上の所得金額の計算にも影響します。

　それぞれ、建物と修繕費について所得金額への影響を確認します。

図2−1　税抜経理―消費税額の計算及び法人税法上の所得金額の計算への影響

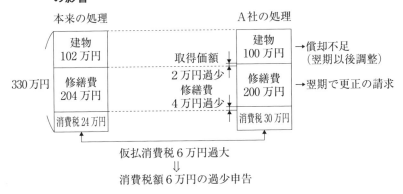

　インボイスの交付を受けていない取引に係る経理処理を、標準税率に基づき処理をした場合、税抜経理では、図2−1にあるように、法人の所得金額を計算する際に、償却不足と修繕費の計上不足が発生し、後に更正の請求や税務調整が必要となります。他方、税込経理では、図2−2にあるように、法人の所得金額計算上で、減価償却費や修繕費の計上には、差異は生じませんが、消費税額として、未払計上されるものが60,000円過少に計上されることになることに伴い、法人の所得金額が大きくなります。

図2-2　税込経理―消費税額の計算及び法人税法上の所得金額の計算への影響

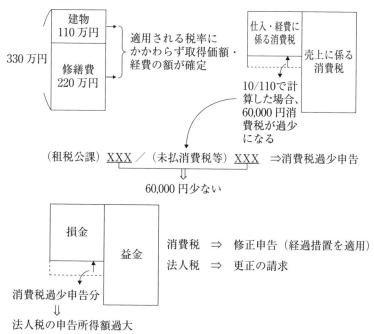

　上記のように、免税事業者からの課税仕入れについて、経過措置の適用をせず、標準税率等により控除税額の計算をした場合には、経理方法の如何にかかわらず、消費税と法人税について、修正等をすることとなります。

　日々の仕訳入力段階で、インボイスが伴う取引か否かの区別ができていれば、後々の修正等に係る事務負担が相当軽減されることを事務所内研修や関与先への指導時に強調しておく必要があります。

設例（2）　中小規模の企業における合理的な経理処理①

　Ａ社（９月末決算法人、以下の設例において同じ）は、令和５年10月１日にＣ工務店（免税事業者）から建物を取得し事業の用に供しました。対価として1,100万円を支払いました。Ａ社では、税抜経理方式（以下の設例において同じ）で計理し、本取得に係る経理処理を次のように行いました。

〈取得時〉

　（借方）（建　　　　物）10,000,000円　／　（貸方）（現 金 預 金）11,000,000円
　　　　　（仮払消費税等）　1,000,000円

〈決算時〉

　（借方）（減 価 償 却 費）　500,000円　／　（貸方）（建　　　　物）　500,000円
　　　　　（雑　　損　　失）　200,000円　　　　　（仮払消費税等）　200,000円

　Ａ社では、建物取得に係る支払対価の額の110分の10相当額を仮払消費税等とし、決算時において、耐用年数20年（償却率0.05）に係る減価償却費を計上するとともに、本取得に係る仮払消費税等を雑損失勘定に振り替える処理を行いました。

　本来、建物の取得価額を1,100万円とすべきところ、仮払消費税等を雑損失勘定に振り替えた金額は、「償却費として損金経理をした金額」として取り扱い、償却限度額を超える部分について、所得金額に加算する税務調整を行うこととなります（新経理通達14の２（注）１）。

〈建物減価償却超過額〉

　税務上：（10,000,000円＋200,000円）×0.05＝510,000円（償却限度額）

　経理上：500,000円＋200,000円＝700,000円

　償却超過額：700,000円－510,000円＝190,000円

図3　別表四、別表五(一)による税務調整

・別表四　所得の金額の計算に関する明細書

区　　分		総　　額	処　　分	
			留　　保	社外流出
加算	減価償却の償却超過額	190,000円	190,000円	

・別表五（一）　利益積立金額及び資本金等の額の計算に関する明細書

I　利益積立金額の計算に関する明細書				
区　　分	期 首 現 在 利益積立金額	当期の増減		差引翌期首現在 利益積立金額
		減	増	
建物減価償却超過額			190,000円	190,000円

　上記処理は、確定決算を前提とした法人税法上の所得金額計算上の税務調整を示していますが、翌期以降の所得金額にまで影響を及ぼすことは、中小規模の企業にとっては、負担が大きく、合理的処理とは言えません。

　決算時の修正処理として、

　（借方）（建　　　　　　　物）200,000円　／　（貸方）（仮払消費税等）200,000円

　仕入税額控除が認められない200,000円を建物勘定に振り替え（新経理通達3の2）、税務上の取得価額である10,200,000円を基に税務上の減価償却費を計上し、当期利益金額を確定させ、所得金額の計算を行うことが、中小規模の企業にとって合理的処理となると考えます。

　これは、当該事業年度の消費税額を確定させるまでが、企業の当期利益を確定させるための処理であり、その結果求められた当期利益を基に所得金額を計算するための税務調整を行うこととなり、上記の建物勘定への振替処理は、税務調整を前提とした経理処理ではなく、期中処理の誤謬訂正であり、経理上の決算修正仕訳と位置付けられるからです。

図４　期中取引と決算の関係

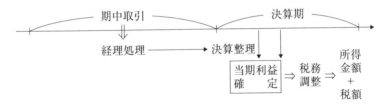

設例（3）　**中小規模の企業における合理的な経理処理②**

　A社は、令和６年６月１日にD商店（免税事業者）から商品（食料品）を仕入れ、その対価として、1,080,000を支払いました。A社では、支払対価の額の108分の８相当額を仮払消費税等の額として経理し、決算時に雑損失として処理しました。また、期末時点で当該商品の半数（540,000円相当額）が期末在庫として残っています。

〈仕入時〉

　（借方）（仕　　　　　入）1,000,000円 ／ （貸方）（現 金 預 金）1,080,000円
　　　　　（仮払消費税等）　　80,000円 ／

〈決算時〉

　（借方）（商　　　　　品）　500,000円 ／ （貸方）（期末商品棚卸高）　500,000円
　　　　　（雑　損　失）　　　80,000円 ／ 　　　　　（仮払消費税等）　　80,000円

　この設例での考え方は、設例(2)と同じです。つまり、税額控除できない80,000円を雑損失で当期費用として処理したものについて、商品の取得価額に加算する処理をすべきです。

　ただし、令和５年10月１日以降の経過措置により、80％の税額控除が認められていますので、商品の取得価額に加算する金額は、108分の８の軽減税率に80％を乗じた金額です。そして、本来の仕入時の経理処理は、

〈仕入時〉

(借方)(仕　　　　入) 1,016,000円 ／ (貸方)(現 金 預 金) 1,080,000円

(仮払消費税等)　64,000※円 ／

※ 1,080,000円 × $\dfrac{8}{108}$ × 80% ＝ 64,000円

$\underset{\text{軽減税率}}{}$　$\underset{\text{経過措置}}{}$

であり、決算時の処理は、

〈決算時〉

(借方)(商　　　　品) 508,000円 ／ (貸方)(期末商品棚卸高)　508,000円

です。これらの処理を前提に、A社の経理処理を修正すると、次のような処理が考えられます。

〈仕入時〉

(借方)(仕　　　　入)　16,000円 ／ (貸方)(仮払消費税等)　16,000円

〈決算時〉

(借方)(商　　　　品)　8,000円 ／ (貸方)(期末商品棚卸高)　8,000円

　なお、A社の決算時処理後に決算が確定した場合には、次のような税務調整を通して、当期所得金額を確定させるとともに、翌期末に商品加算分を認容するための処理が必要です。

図5　別表四、別表五(一)による税務調整

・別表四　所得の金額の計算に関する明細書

区　　分		総　　額	処　　分	
			留　　保	社外流出
加算	雑損失の過大計上	8,000円	8,000円	

・別表五（一）　利益積立金額及び資本金等の額の計算に関する明細書

区　分	期首現在 利益積立金額	当期の増減		差引翌期首現在 利益積立金額
		減	増	
商品			8,000円	8,000円

I　利益積立金額の計算に関する明細書

　ここまで確認した設例は、適正に計算された課税仕入れに係る消費税額が全額控除できる場合を前提としていましたが、次に課税売上割合が95％以下の場合等に発生する控除対象外消費税額がある場合の処理を確認します。

設例（4）　**課税売上割合が95％以下の場合等に発生する控除対象外消費税額がある場合**

　A社は、令和5年10月1日にE工務店（免税事業者）から事務所用建物を1,980万円で取得し、支払対価の額の110分の10相当額を支払い、次のように経理処理しました。

　なお、A社の課税売上割合は、60％であり、仕入税額控除の計算は一括比例配分方式によっています。

　当該建物は、取得後すぐに事業の用に供し、耐用年数20年として定額法により減価償却費を計上しました。設例の便宜上、当期のA社の仮払消費税等は1,800,000円、仮受消費税等も1,800,000円、納付すべき消費税等の額が1,080,000円とします。

〈取得時〉

（借方）（建　　　物）18,000,000円　／　（貸方）（現 金 預 金）19,800,000円
　　　　（仮払消費税等）1,800,000円

〈決算時〉

（借方）（減価償却費）　900,000円　／　（貸方）（建　　　物）　900,000円
　　　　（仮受消費税等）1,200,000円　　　　　　（仮払消費税等）1,200,000円
　　　　（雑　損　失）1,080,000円　　　　　　　（未払消費税等）1,080,000円

　本設例においても、課税仕入れを行ったE工務店が免税事業者であることから、控除対象とならない消費税相当額については、建物の取得価額に算入したうえで、当期の減価償却費を計算します。

〈取得時〉

　（借方）（建　　　　物）18,360,000円　／　（貸方）（現 金 預 金）19,800,000円
　　　　　（仮払消費税等）1,440,000※円　／

　　※　19,800,000円　×　$\dfrac{10}{110}$　×　80%　＝　1,440,000円（仮払消費税等）

　　　　1,800,000円　－　1,440,000円　＝　360,000円（建物取得価額）

〈決算時〉

　（借方）（減 価 償 却 費）　918,000円　／　（貸方）（建　　　　物）　918,000円

　A社の上記処理を含め、決算が確定する場合には、設例(2)と同様の税務上の調整をする必要があります。

〈建物減価償却超過額〉

　税務上：（18,000,000円＋360,000円）×0.05＝918,000円（償却限度額）
　経理上：900,000円＋1,080,000円＝1,980,000円
　償却超過額：1,980,000円－918,000円＝1,062,000円

図6　本来の処理とA社の処理の差異

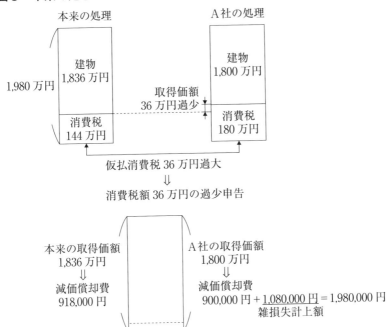

また、本設例では、A社の課税売上割合が60％（80％未満）であり、一の資産（建物）に係る消費税額が20万円以上であることから、控除対象外消費税等の調整をしなければなりません。

控除対象外消費税額の計算は、

$$1,440,000円 \quad × \quad 60\% \quad = \quad 864,000円 \left(\begin{array}{l}課税仕入れのうち\\控除対象となるもの\end{array}\right)$$

$$1,440,000円 \quad - \quad 864,000円 \quad = \quad 576,000円 （控除対象外消費税額）$$

です。当期に発生した控除対象外消費税額は、当該発生した事業年度及び翌期以降の5年間で均等額を損金算入します（法令139の4③④）。

各事業年度の損金算入額は、

発生事業年度：576,000円　×　$\dfrac{12}{60}$　×　$\dfrac{1}{2}$　＝　57,600円

です。控除対象外消費税額のうち、翌期以降繰り延べる金額は、

576,000円　−　57,600円　＝　518,400円

です。控除対象外消費税額等の繰延処理に係る経理処理は、

（借方）（繰延消費税額等）518,400円　／（貸方）（仮払消費税等）518,400円

発生事業年度
の翌期以降　：518,400円　×　$\dfrac{12}{60}$　＝　103,680円（損金算入額）

〈翌期の処理〉

（借方）（雑　　損　　失）103,680円　／（貸方）（繰延消費税額等）103,680円

図 7－1　別表四、別表五（一）、別表十六（十）の記載方法

・別表四　所得の金額の計算に関する明細書

区　　分		総　　額	処　　分	
			留　　保	社外流出
加算	減価償却の償却超過額	1,062,000円	1,062,000円	
	控除対象外消費税額等の損金算入限度超過額	518,400円	518,400円	

・別表五（一）　利益積立金額及び資本金等の額の計算に関する明細書

Ⅰ　利益積立金額の計算に関する明細書				
区　　分	期首現在利益積立金額	当期の増減		差引翌期首現在利益積立金額
		減	増	
建物減価償却超過額			1,062,000円	1,062,000円
繰延消費税額等			518,400円	518,400円

・別表　16（10）

資産に係る控除対象外消費税額等の損金算入に関する明細書		事業年度又は連結事業年度	5・10・1 6・9・30	法人名	A　社				

繰　延　消　費　税　額　等 （発生した事業年度又は連結事業年度）	1	576,000円 5・10・1 9・6・30	円 ・　・	円 ・　・	円 ・　・	円 ・　・	円 当 期 分
当 期 の 損 金 算 入 限 度 額 (1)×当期の月数/60　当期発生分については (1)×当期の月数/60×1/2	2	57,600					
当 期 損 金 経 理 額	3	57,600					
差引 損 金 算 入 不 足 額 (2)−(3)	4						
損 金 算 入 限 度 超 過 額 (3)−(2)	5						
損金算入限度超過額 前 期 か ら の 繰 越 額	6						
同上のうち当期損金認容額 ((4)と(6)のうち少ない金額)	7						
翌 期 へ の 繰 越 額 (5)+(6)−(7)	8						

当期に生じた資産に係る控除対象外消費税額等の損金算入額等の明細

課税標準額に対する消費税額等 （税抜経理分）	9	1,800,000円	(12)のうち当期損金算入額	14	円
課 税 仕 入 れ 等 の 税 額 等 （税抜経理分）	10	1,800,000	同上のうち (13)の割合が80%以上である場合の資産に係る控除対象外消費税額等の合計額	15	
同上の額のうち課税標準額に対する消費税額等から控除されない部分の金額	11	576,000	資産に係る控除対象外消費税額等で棚卸資産に係るものの合計額	16	
同上の額のうち資産に係るものの金額 （資産に係る控除対象外消費税額等の合計額）	12	576,000	資産に係る控除対象外消費税額等で特定課税仕入れに係るものの合計額	17	
当期の消費税の課税売上割合	13	60%	資産に係る控除対象外消費税額等で20万円未満のものの合計額	18	
			当 期 の 繰 延 消 費 税 額 等 ((12)−(15))又は((12)−(16)−(17)−(18))	19	576,000

図7-2 別表16(10)翌期以後の調整処理

資産に係る控除対象外消費税額等の損金算入に関する明細書		事業年度又は連結事業年度	6·10·1 7·9·30	法人名	A 社 ( )				別表十六(十) 令四·四·一以後終了事業年度又は連結事業年度分
繰 延 消 費 税 額 等 (発生した事業年度又は連結事業年度)	1	518,400円 5·10·1 6·9·30	円 · ·	円 · ·	円 · ·	円 · ·	円 当期分		
当 期 の 損 金 算 入 限 度 額 (1)×当期の月数/60 当期発生分については(1)×当期の月数/60×1/2	2	103,680							
当 期 損 金 経 理 額	3	103,680							
差引 損 金 算 入 不 足 額 (2)-(3)	4								
損 金 算 入 限 度 超 過 額 (3)-(2)	5								
損金算入限度超過額 前 期 か ら の 繰 越 額	6								
同上のうち当期損金認容額 ((4)と(6)のうち少ない金額)	7								
翌 期 へ の 繰 越 額 (5)+(6)-(7)	8								

事務所内研修・関与先指導のポイント

　控除対象外消費税額等は、当期中の課税売上高が5億円超又は課税売上割合が95％未満である場合に発生します（現法30②）。

　しかしながら、当期の課税売上割合が80％以上の場合には、控除対象外消費税額等についてＡ社が損金経理をした場合には、その金額を損金の額に算入します（法令139の4①）。また、当期の課税売上割合が80％未満で次に該当し、Ａ社が損金経理をした場合にもその金額を損金の額に算入します（法令139の4②一、二）。

　　(イ)　棚卸資産に係る控除対象外消費税額等

　　(ロ)　一の資産に係る控除対象外諸費税額等が20万円未満となるもの

　これらの規定にかかわらず、Ａ社が損金算入をしなかった場合にも、上記の均等額を損金算入することになります（法令139の4④、新経理通達13）。

第2章

インボイス導入後の
実務上の留意点

　ここでは、インボイス導入後、日常の業務の中で請求書等の保存要件に着目し、具体的に①何を、②どのように保存しなければならないかについて確認します。

1 インボイスの形式・概要

(1)　**令和5年10月1日以後のインボイス方式の開始を踏まえ、インボイスの記載事項を満たす請求書を取引先に交付するためにどのような対応が必要ですか（インボイスQ＆A問43）。**

ANSWER
　インボイスには次の事項が記載されていることが必要です（新法57の4①）。
　①　インボイス発行事業者の氏名又は名称及び登録番号
　②　課税資産の譲渡等を行った年月日
　③　課税資産の譲渡等に係る資産又は役務の提供の内容（課税資産の譲渡等が軽減対象資産である場合には、資産の内容及び軽減対象資産の譲渡等である旨）
　④　課税資産の譲渡等の税抜価額又は税込価額を税率ごとに区分して合計した金額及び適用税率
　⑤　税率ごとに区分した消費税額等
　⑥　書類の交付を受ける事業者の氏名又は名称
　6項目のうち、下線を付した項目は、現行の区分記載請求書等の記載事項に追加すべき項目です。

図8 適格請求書の記載例

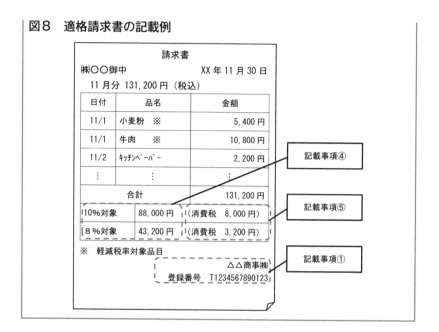

(2) 小売業などは、インボイスの交付に代えて、記載事項を簡易なものとした適格請求書を交付することができるそうですが、その記載事項を教えてください（インボイスQ＆A問24、47）。

ANSWER

インボイス発行事業者が小売業など不特定多数の者に課税資産の譲渡等を行う一定の事業※を行う場合には、簡易インボイスを交付することができます（新法57の4②、新令70の11）。

具体的には、(1)の項目のうち、「書類の交付を受ける事業者の氏名又は名称」の記載が不要となり、「税率ごとに区分した消費税額等」又は「適用税率」のいずれか一方の記載で足りることとされています。

① インボイス発行事業者の氏名又は名称及び登録番号
② 課税資産の譲渡等を行った年月日
③ 課税資産の譲渡等に係る資産又は役務の提供の内容（課税資産の譲渡等が軽減対象資産である場合には、資産の内容及び軽減対象資産の譲渡等である旨）
④ 課税資産の譲渡等の税抜価額又は税込価額を税率ごとに区分して合計した金額
⑤ 税率ごとに区分した消費税額等又は適用税率

※ 一定の事業（新法57の4②、新令70の11）
(イ) 小売業
(ロ) 飲食店業
(ハ) 写真業
(ニ) 旅行業
(ホ) タクシー業
(ヘ) 駐車場業（不特定多数の者に対するものに限る）
(ト) その他これらの事業をに準ずる事業で不特定多数の者に資産の譲渡等を行う事業

図９　適格簡易請求書の記載例

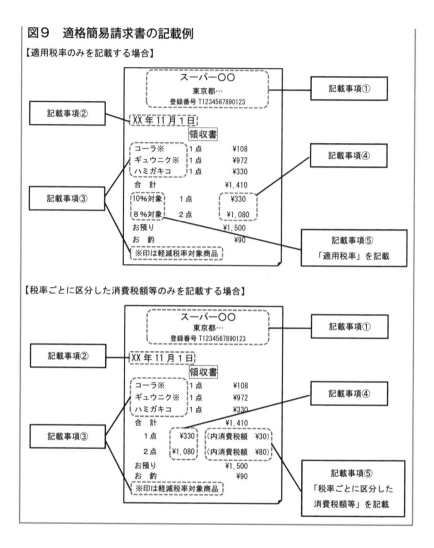

⑶　取引先に1か月分の取引をまとめて請求書を交付しています。インボイスを請求書として発行する際、どのような対応が必要ですか。

ANSWER

　インボイスとは、⑴の事項が記載された請求書、納品書等の書類を言いますが、一の書類のみですべての記載事項を満たす必要はなく、交付された複数の書類相互の関連が明確であり、インボイスの交付対象となる取引内容を正確に認識できる方法で交付されていれば、その複数の書類の全体によりインボイスの記載事項を満たすものとされます（インボイス通達3-1）。

⑷　**飲食料品と飲食料品以外のものの卸売りを行っている事業者が、取引先と販売奨励金に係る契約を締結し、取引高に応じて一定金額を、合計金額（税込み）から値引きを行った際のインボイスへの記載事項を教えてください（インボイスＱ＆Ａ問51）。**

ANSWER

　販売奨励金は、売上げに係る対価の返還等に該当するので、取引先に対し、インボイスと適格返還請求書※を交付しなければなりませんが、交付する請求書にインボイスと適格返還請求書に係る必要事項を記載しておけば、１枚の書類で交付することも可能です。

　当月に販売した商品のインボイスに係る必要事項を記載するとともに、前月の販売奨励金に係る適格返還請求書の必要事項を記載することになります。

　また、継続的に課税資産の譲渡等の対価の額から、売上げに係る対価の返還等の金額を控除した金額及びその金額に基づき計算した消費税額等を税率ごとに請求書等に記載することで、インボイスに記載すべき、

　①　課税資産の譲渡等の税抜価額又は税込価額を税率ごとに区分して合計した金額

　②　税率ごとに区分した消費税額等

適格返還請求書に記載すべき、

　①　売上げに係る対価の返還等の税抜価額又は税込価額を税率ごとに区分して合計した金額

　②　売上げに係る対価の返還等の金額に係る消費税額等

を満たすことになります（インボイス通達３－16)。

　適格返還請求書の記載事項（新法57の４③）

　㈶　インボイス発行事業者の氏名又は名称及び登録番号

　㈻　売上げに係る対価の返還等を行う年月日及びその売上げに係る対価の返還等の基となった課税資産の譲渡等を行った年月日

　㈹　売上げに係る対価の返還等の基となる課税資産の譲渡等に係る

　　資産又は役務の内容（課税資産の譲渡等が軽減対象資産である場
　　合には、資産の内容及び軽減対象資産の譲渡等である旨）

㈋　売上げに係る対価の返還等の税抜価額又は税込価額を税率ごと
　　に区分して合計した金額

㈌　売上げに係る対価の返還等の金額に係る消費税額等又は適用税率

図10　インボイスへの記載事項

【課税資産の譲渡等の金額と対価の返還等の金額をそれぞれ記載する場合】

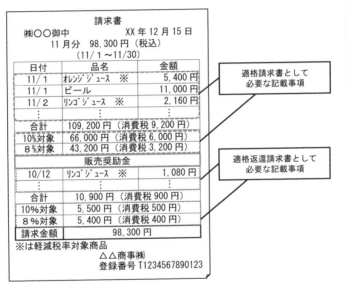

【対価の返還等を控除した後の金額を記載する場合の記載例】

請求書

㈱○○御中　　　　　　　　　　XX 年 12 月 15 日

11 月分　98,300 円（税込）
（11/1 ～11/30）

日付	品名	金額
11/1	オレンジジュース　※	5,400 円
11/1	ビール	11,000 円
11/2	リンゴジュース　※	2,160 円
⋮	⋮	⋮
合計	109,200 円（消費税 9,200 円）	
	販売奨励金	
10/12	リンゴジュース　※	1,080 円
⋮	⋮	⋮
合計	10,900 円（消費税 900 円）	
請求金額	98,300 円（消費税 8,300 円）	
10％対象	60,500 円（消費税 5,500 円）	
8％対象	37,800 円（消費税 2,800 円）	

※は軽減税率対象商品

△△商事㈱
登録番号 T1234567890123

継続的に、
①課税資産の譲渡等の対価の額から売上げに係る対価の返還等の金額を控除した金額及び
②その金額に基づき計算した消費税額等を
税率ごとに記載すれば記載事項を満たします。

(5)　事業者登録番号の交付を受けた事業者は、令和５年９月30日以前に事業者登録番号を記載した区分記載請求書等を交付することは可能ですか（インボイスＱ＆Ａ問62）。

ANSWER

　区分記載請求書等に登録番号を記載しても、区分記載請求書等の記載事項が記載されていれば、区分記載請求書等保存方式の間（令和５年９月30日まで）における仕入税額控除の要件を満たしていますので、区分記載請求書等に登録番号を記載しても差し支えありません。

⑹　毎月15日締めとしている事業者で令和５年10月１日に事業者登録番号の交付を受ける予定の事業者が、令和５年９月16日から同年10月15日までの期間の請求書の記載事項を教えてください（インボイスＱ＆Ａ問63）。

ANSWER

　登録日が令和５年10月１日である場合については、買い手において登録日前後の課税仕入れがいずれも仕入税額控除の対象となるため、登録日をまたぐ請求書をインボイスとするときは、登録日前後の課税資産の譲渡等を区分することなく、請求書に記載して交付することも認められています。

図11　登録日（令和５年10月１日）をまたぐ場合の請求書

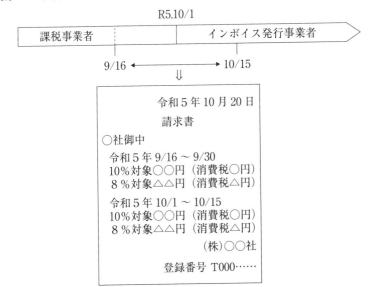

　なお、売上税額の計算については、交付するインボイスに令和５年10月１日以後（10月１日から10月15日までの期間）に係る課税資産の譲渡等の対価の額や消費税額を記載していない場合、売上税額の「積上げ計算」ができないことから、割戻し計算により売上税額を計算することになります。

⑺ インボイスを交付する場合、そのインボイスの写しの保存が義務付けられていますが、「交付したインボイスの写し」について、

    ① 交付した書類を複写したものでなければならないのか

    ② 交付した書類が電磁的記録に該当する場合の保存期間

について教えてください。

ANSWER

　①について、インボイス発行事業者には、交付したインボイスの写し及び提供したインボイスに係る電磁的記録の保存をする義務があります（新法57の4⑥）。なお、「交付したインボイスの写し」とは、交付した書類そのものを複写したものに限らず、そのインボイスの記載事項が確認できる程度の記載がされているものが含まれます。

　②について、インボイスの写しや電磁的記録については、交付した日又は提供した日の属する課税期間の末日の翌日から2月を経過した日から7年間、納税地又はその取引に係る事務所、事業所、その他これらに準ずるのものの所在地に保存しなければなりません（新令70の13①）。

(8)　これまで、事業者が自ら作成した仕入明細書を仕入先の確認を受け
　　たうえで請求書等として保存してきましたが、インボイス方式の
　　下でも仕入明細書を保存することにより、請求書等の保存要件を満
　　たすことになりますか（インボイスＱ＆Ａ問70）。

ANSWER

　インボイスに該当する仕入明細書等は、仕入先の確認を受けたもの
に限られ（新法30⑨三、インボイス通達4－6）、仕入先の確認を受け
る方法として、①～③が挙げられます。

　①　仕入明細書等の記載内容を、通信回線等を通じて仕入先の端末
　　　機に出力し、確認の通信を受けたうえで、自己の端末機から出力
　　　したもの

　②　仕入明細書等に記載すべき事項に係る電磁的記録につき、イン
　　　ターネットや電子メールなどを通じて課税仕入れの仕入先へ提供
　　　し、仕入先から確認の通知等を受けたもの

　③　仕入明細書等の写しを仕入先に交付し、又は仕入明細書等の記
　　　載内容に係る電磁的記録を仕入先に提供した後、一定期間内に誤
　　　りがある旨の連絡がない場合には記載内容のとおり確認があった
　　　ものとする基本契約等を締結した場合におけるその一定期間を経
　　　たもの

　なお、③については、

(イ)　仕入明細書等に「送付後一定期間内に誤りのある旨の連絡がな
　　　い場合には記載内容のとおり確認があったものとする」旨の通知
　　　文書等を添付して仕入先に送り、又は提供し、了承を得る。

(ロ)　仕入明細書等又は仕入明細書等の記載内容に係る電磁的記録に
　　　「送付後一定期間内に誤りのある旨の連絡がない場合には記載内容
　　　のとおり確認があったものとする」旨の通知文書等を添付して仕
　　　入先に送り、又は提供し、了承を得る。

のように、仕入明細書等の記載事項が仕入先に示され、その内容が確
認されていることが明らかであれば、仕入先の確認を受けたものとな
ります。

(9)　仕入先で当社負担経費を立替払いし、当該経費に係る請求書が仕入先名となっている次のような場合、仕入先からのインボイスを受領し、保存しておけば、請求書等の保存要件を満たすことになりますか（インボイスＱ＆Ａ問78）。

図12　立替金の取引図

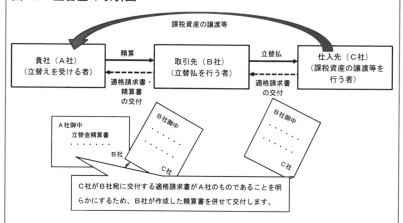

ANSWER

　Ｃ社から立替払いをしたＢ社宛に交付されたインボイスをＢ社からそのまま受領したとしても、Ｃ社から交付されたインボイスには該当しません。

　立替払いを行ったＢ社から、立替金精算書等の交付を受けるなどにより、経費の支払先であるＣ社から行った課税仕入れがＡ社のものであることが、明らかにされている場合には、そのインボイス及び立替金精算書等の書類の保存をもって、Ａ社はＣ社からの課税仕入れに係る請求書等の保存要件を満たすことになります（インボイス通達４−２）。

⑽　**小売業を営む事業者について、一般の小売業は税抜価額表示とし、たばこなどの一部商品を税込価額としている場合、簡易インボイスに記載する「課税資産の譲渡等の税抜価額及び税込価額を税率ごとに区分して合計した金額」及び「税率ごとに区分した消費税額等」の算出方法を教えてください。**

ANSWER

　一のインボイスにおいて、税抜価額を記載した商品と税込価額を記載した商品が混在するような場合、いずれかに統一して「課税資産の譲渡等の税抜価額又は税込価額を税率ごとに区分して合計した額」を記載するとともに、これに基づいて「税率ごとに区分した消費税額等」を算出して記載する必要があります。

　なお、税抜価額又は税込価額のいずれかに統一して「課税資産の譲渡等の税抜価額又は税込価額を税率ごとに区分して合計した額」を記載する際に1円未満の端数が生じた場合には、「税率ごとに区分した消費税額等」の計算上生じた端数※とは異なるため、端数処理の方法は事業者の任意となります。

※　インボイスの記載事項である消費税額に1円未満の端数が生じる場合、一の適格請求書につき、税率ごとに1回の端数処理を行う必要があります（新令70の10、インボイス通達3−12）。

⑾　**インボイスが導入された以後も手書きの領収書を交付することは可能ですか。**

ANSWER

　手書きの領収書であっても、⑴の記載事項が記載されていれば、インボイスに該当します（新法57の4①、インボイス通達3−1）。

2 インボイスの記載内容に誤りがあった場合

(1)　交付したインボイスの記載事項に誤りがあった場合に交付する修正したインボイスの交付方法を教えてください（インボイスQ&A問29、76）。

ANSWER

　売り手であるインボイス発行事業者が、交付したインボイスや簡易インボイス又は返還インボイス（電磁的記録によるものを含む）の記載事項に誤りがあった場合には、買い手である課税事業者に対して、修正したインボイス等を交付しなければなりません（新法57の4④⑤）。

　なお、買い手である課税事業者が作成した仕入明細書等の書類で、売り手であるインボイス発行事業者の確認を受けたものについても、仕入税額控除の適用のために保存が必要な書類に該当しますので（新法30⑨二）、買い手においてインボイスの記載事項の誤りを修正した仕入明細書等を作成し、売り手であるインボイス発行事業者に確認を求めることも考えられます。

　また、買い手である課税事業者が交付を受けたインボイスに誤りがあった場合、売り手であるインボイス発行事業者に対して修正したインボイスの交付を求め、当該交付を受けることにより、修正したインボイスを保存する必要があります。

　したがって、自ら追記や修正を行うことはできません。

3 公共交通機関等

(1) 取引先への移動に券売機で乗車券を購入し、公共交通機関を利用
した場合に、請求書等の保存は必要ですか（インボイスＱ＆Ａ問
83、88）。

ANSWER

　インボイスの交付義務が免除される３万円未満の公共交通機関によ
る旅客の運送については、一定の事項を記載した帳簿のみの保存で仕
入税額控除が認められます（新法30⑦、新令49①一イ、70の９②一）。

　これに対し、３万円以上の公共交通機関を利用した場合には、その
利用に係るインボイスの保存が仕入税額控除の要件となりますが、こ
の場合にも、公共交通機関である鉄道事業者から簡易インボイスの記
載事項（取引年月日を除く）を記載した乗車券の交付を受け、その乗
車券が回収される場合は、一定の事項を記載した帳簿のみの保存で仕
入税額控除が認められます（新令49①一ロ）。

　この場合、帳簿のみで仕入税額控除が認められる場合の帳簿への記
載事項は、

　　① 　課税仕入れの相手方の氏名又は名称及び住所又は所在地
　　② 　課税仕入れを行った年月日
　　③ 　課税仕入れに係る資産又は役務の内容
　　④ 　課税仕入れに係る支払対価の額

に加え、帳簿のみの保存で仕入税額控除が認められる取引に該当する
旨の記載が必要です。この事例の場合は、「３万円未満の鉄道料金」で
ある旨を帳簿に記載する必要があります（インボイス通達４－７）。

⑵ **社員に支給する通勤手当について、仕入税額控除を受けることはできますか（インボイスQ＆A問86）。**

ANSWER

　従業員に支給する通勤手当のうち、通勤に通常必要と認められる部分の金額は、課税入れに係る支払対価の額として取り扱われます（基通11－2－2）（帳簿記載事項は、1⑴参照）。

　なお、帳簿のみの保存で仕入税額控除が認められるとは、通勤に通常必要と認められるものであれば、所得税法上の非課税とされる通勤手当の金額（所令20の2）を超えているかどうかは問いません。

⑶ **社員に支給する出張旅費、宿泊費、日当等について、仕入税額控除を受けることはできますか（インボイスQ＆A問85）。**

ANSWER

　社員に支給する出張旅費、宿泊費、日当等のうち、その旅行に通常必要であると認められる部分の金額については、課税仕入れに係る支払対価の額に該当するものとして取り扱われます（基通11－2－1）。この金額は、1⑴で確認した事項の記載がなされていれば、帳簿の保存のみで仕入税額控除が認められます。

⑷ **3万円未満の公共交通機関による旅客の運送かどうかは、どのような単位で判定するのですか（インボイスQ＆A問34）。**

ANSWER

　3万円未満の公共交通機関による旅客かどうかは、1回の取引の税込価額が3万円未満かどうかで判断します（インボイス通達3－9）。例えば、東京－新大阪間の新幹線の大人運賃が13,000円で、4人分の運送役務の提供を行う場合には、4人分の52,000円で判定します。

(5) 特急列車に乗車するために支払う特急料金や駅構内に入場するために支払う入場料金は、公共交通機関特例の対象となりますか（インボイスQ＆A問35）。

ANSWER

　特急料金、急行料金及び寝台料金は、旅客の運送に直接的に附帯する対価として、公共交通機関特例の対象となりますが、入場料金や手回品料金は、旅客の運送に直接的に附帯する対価ではありませんので、公共交通機関特例の対象とはなりません（インボイス通達3－10）。

4 値 引 等

⑴　インボイスには、「売上げに係る対価の返還等の基となった課税資産の譲渡等を行った年月日」を記載することになっていますが、個々の取引に係る具体的年月日を把握するのは困難です。

　　例えば、10月中に返品を受けた商品は、前月の９月中に販売したものの返品として「９月末日」を当該課税資産の譲渡等を行った日として処理していますが、このような記載でも大丈夫でしょうか（インボイスＱ＆Ａ問50）。

ANSWER

　上記1.⑷で確認したように課税事業者に対して売上げに係る対価の返還等を行う場合、返還インボイスを交付する義務が課されており、返還インボイスには、売上値引等の基となった課税資産の譲渡等を行った年月日」を記載することとされています（新法57の４③）。

　ここで、「課税資産の譲渡等を行った年月日」は、課税期間の範囲内で月単位や「○月～△月」のような一定の期間の記載で差し支えありません。

　また、返品等の処理を合理的な方法により継続的に行っているのであれば、当該返品等の処理に基づき合理的と認められる年月日を記載することとしても差し支えありません。

　したがって、「前月末日」や「最終販売年月日」を売上値引等を行った年月日として記載することもできます。

(2)　取引先と販売奨励金に係る契約を締結し、一定商品を対象に取引高に応じて販売奨励金を支払うこととしています。販売奨励金の精算は、当月請求金額から前月販売奨励金を控除しています。

　　この場合、販売奨励金に係るインボイスを改めて交付する必要はありますか（インボイスＱ＆Ａ問52）。

ANSWER

　取引先が作成する奨励金請求書に販売奨励金に関する返還インボイスに係る必要事項（1.(4)参照）が記載されていれば、取引先との間で、当該売上げに係る対価の返還等に係る書類が共有されていますので、改めて、貴社で返還インボイスを交付する必要はありません。

(3)　取引先に対する請求に際して、請求金額の合計額の端数を値引きする場合（いわゆる「出精値引き」）、インボイス方式において、請求書の記載にはどのような対応が必要ですか（インボイスＱ＆Ａ問58）。

ANSWER

　課税資産の譲渡等の対価の額の端数を値引きする場合には、その端数値引きの時期が次のいずれかにより取扱いが異なります。

課税資産の譲渡等を行う前	課税資産の譲渡等を行った後
課税資産の譲渡等の対価の額から直接控除する。	売上げに係る対価の返還等として取り扱う。

　なお、値引きの時期が課税資産の譲渡等を行う前か後かについての厳密な区分が困難であるときは、いずれの方法を選択しても差し支えありません。

⑷　**商品販売に係る請求書は発行せずに、取引先が交付する仕入明細書（取引先確認済み）を保存し、取引先から交付される支払通知書に基づく支払いを受けています。**

　　返品があった場合には、その内容が支払通知書に記載されていますが、このような場合にも、インボイスを交付する必要はありますか（インボイスＱ＆Ａ問72）。

ANSWER

　インボイス発行事業者には、課税事業者に返品や値引き等の売上げに係る対価の返還等を行う場合、返還インボイスの交付義務が課せられています（新法57の４③）。

　返還インボイスには次の事項を記載します。

① 　インボイス発行事業者の氏名又は名称及び登録番号

② 　売上げに係る対価の返還等を行う年月日及びその売上げに係る対価の返還等の基となった課税資産の譲渡等を行った年月日（インボイスを交付した売上げに係るものについては、課税期間の範囲で一定の期間の記載でも差し支えありません）

③ 　売上げに係る対価の返還等の基となる課税資産の譲渡等に係る資産又は役務の内容（当該課税資産の譲渡等が軽減税率の適用対象となる場合には、その旨）

④ 　売上げに係る対価の返還等の税抜価額又は税込価額を税率ごとに区分して合計した金額

⑤ 　売上げに係る対価の返還等の金額に係る税率ごとに区分した消費税額又は適用税率

　また、課税仕入れの相手方において課税資産の譲渡等に該当する場合において、仕入れ側が作成した次の事項が記載された仕入明細書等の書類で、相手方の確認を受けたものについては、仕入税額控除の要件である保存すべき請求書等に該当します（新法30⑨三、新令49④）。

① 　仕入明細書の作成者の氏名又は名称

② 　課税委仕入れの相手方の氏名又は名称及び登録番号

③　課税委仕入れを行った年月日

④　課税仕入れに係る資産又は役務の内容（当該課税仕入れが軽減税率の適用対象となる場合には、その旨）

⑤　税率ごとに合計した課税仕入れに係る支払対価の額及び適用税率

⑥　税理ごとに区分した消費税額等

　なお、支払通知書に返還インボイスとして必要な事項を合わせて記載する場合に、事業者ごとに継続して、課税仕入れに係る支払対価の額から売上げに係る対価の返還等の金額を控除した金額及びその金額に基づき計算した消費税額等を税率ごとに支払通知書に記載することで、仕入明細書に記載すべき上記⑤及び⑥の項目と、「売上げに係る対価の返還等の税抜価額又は税込価額を税率ごとに区分して合計した金額」及び「売上げに係る対価の返還等の金額に係る税率ごとに区分した消費税額等」の記載を満たすこともできます。

5 少額取引・インボイスの交付が受けられない場合

(1)　3万円未満の自動販売機や自動サービス機による商品の販売等は、インボイスの交付義務が免除されるそうですが、どのようなものがこれに該当しますか（インボイスQ&A問38、68、88）。

ANSWER

　インボイスの交付義務が免除される自動販売機特例の対象となる自動販売機や自動サービス機とは、代金の受領と資産の譲渡等が自動で行われる機械装置で、その機械装置のみで、代金の受領と資産の譲渡等が完結するものをいいます（インボイス通達3-11）。

　具体的には、

・自動販売機による飲食料品の販売

・コインロッカー、コインランドリー等によるサービス

・**金融機関のATMによる手数料を対価とする入出金サービスや振込サービス**

等がこれに該当します。

　ただし、次のような取引は、自動販売機や自動サービス機による商品の販売等には含まれませんので、注意が必要です。

・小売店内に設置されたセルフレジを通じた販売

　　（単に精算が機械装置により行われているもの）

・コインパーキングや自動券売機

　　（代金の受領と券類の発行はその機械装置により行われるが、資産の譲渡等（車の駐車、交通機関による移動等）は別途行われるもの（公共交通機関については、上記3.参照）

・**ネットバンキング、銀行窓口に係る手数料（機械装置での資産の譲渡等ではない）**

(2)　口座振替により家賃の支払を行っている場合、請求書や領収書の
　　交付を受けておらず、通帳に家賃振替の記録が残る場合の仕入税額
　　控除の取扱いはどのようになりますか（インボイスＱ＆Ａ問79）。

ANSWER

　口座振替により家賃等の支払を行っている場合には、インボイス記載事項の一部（課税資産の譲渡等の年月日以外の事項）が記載された契約書とともに通帳（課税資産の譲渡等の年月日を示すもの）を併せて保存することにより、仕入税額控除の要件を満たします。

　これは、インボイスとして必要とされる記載事項は、一の書類で完結する必要はなく、複数の書類で記載事項を満たせば、それらの書類全体でインボイスの記載要件を満たすことになるからです。

　なお、令和5年9月30日以前から継続して締結している不動産賃貸契約書には、インボイスの記載事項の一部が記載されていません。そのような場合には、別途登録番号等の記載が不足していた事項の通知を受け、契約書とともに保存しておくようにすれば、インボイス記載事項を満たすことになります。

　ただし、このように自動的に継続する取引の場合、取引の相手方が取引の途中で免税事業者になる場合も考えられます。相手方からその旨の連絡があれば、その連絡に従い対応することになりますが、そのような連絡がなければ、実態を把握することも困難となります。定期的に「国税庁適格請求書発行事業者公表サイト」で相手方がインボイス発行事業者に該当するかどうかを確認することもチェック項目の一つになります。

(3) 高速道路を利用する場合、ETCにより料金を支払う場合や、クレジットカードによる決済、現金決済による場合の留意点について教えてください。

ANSWER

令和５年10月１日以後、高速道路料金所で現金やクレジットカードで決済する場合には、料金所で受け取る簡易インボイスや利用証明書を保存することで、仕入税額控除の適用を受けることができます。

ETCカードを利用する場合には、ETCカードの種別により、対応が異なります。まず、ETCカードは、発行元により３つに大別できます。

名称	発行元
ETCクレジットカード等	クレジット会社等
ETCパーソナルカード	ETCパーソナルカード事務局（NEXCO東日本、中日本、西日本、首都高速道路、阪神高速道路、本州四国高速道路の６社が運営）
ETCコーポレートカード	NEXCO東日本、中日本、西日本の３社

このうち、クレジットカード会社が発行元となる「ETCクレジットカード等」については、登録することで利用可能なWEB上の「ETC利用照会サービス（高速道路６社が運営）」において、電子インボイスを交付することを予定しています。

「ETC利用照会サービス」では、一定期間のETCの利用について、

① 利用証明書

　（PDF形式：１度に50件まで出力でき、１枚当たり15件の明細が記載される）

② 利用明細

　（PDF形式：１度に500件まで出力でき、１枚当たり15件の明細が記載される）

③ 利用明細

　（CSV形式：１度に5,000件まで出力可能）

の電子データの保存、出力することができます。実務においては、一

定期間ごとに、「ETC利用照会サービス」において「利用証明書」を保存することになると考えられます。

　また、ETCパーソナルカードやETCコーポレートカードについては、現状で当該カード利用者に対し、請求書が送付されています。インボイス開始後は、当該請求書がインボイスとして送付されることになり、当該インボイスを保存することで、仕入税額控除の適用が受けられますが、今後の動向に注意する必要があります。

6 積上げ計算

(1)　売上げに係る消費税の積上げ計算と仕入れに係る消費税の積上げ
　　計算の留意点について教えてください（インボイスＱ＆Ａ問90、
　　91、92）。

ANSWER

　売上げ・仕入れに係る消費税額の計算は、それぞれ割戻し計算と積
上げ計算があります。売上げに係る消費税額の計算は、割戻し計算が
原則であり、仕入れに係る消費税額の計算は、積上げ計算が原則です（新
法30①、45⑤、新令46①②、62①）。

　売上げに係る消費税額の計算を割戻し計算によっているときは、仕
入れに係る消費税額の計算を割戻し計算によることもできます（新令
46③）。

図13　売上げ・仕入れに係る消費税額の計算の原則と特例

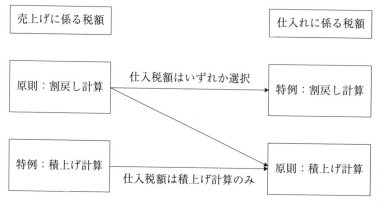

　売上げ・仕入れに係るそれぞれの計算方法をまとめると、次のようになります。

売上げに係る税額	仕入れに係る税額
割戻し計算（原則） 売上金額は、税率の異なるごとに区分した課税標準である金額の合計額にそれぞれの税率を乗じて計算する。	積上げ計算（原則） 仕入税額は、原則としてインボイス等に記載された消費税額等を積み上げて計算する。 割戻し計算（特例） 課税期間中に国内において行った課税仕入れに係る支払対価の額を税率の異なるごとに区分した金額の合計額にそれぞれの税率に基づき割り戻し、仕入れに係る税額を計算することもできる。
積上げ計算（特例） 相手方に交付したインボイス等の写しを保存している場合（電子インボイスを保存している場合を含む）には、これらの書類に記載した消費税額等を積み上げて計算することができる。	積上げ計算（原則） 仕入税額は、原則としてインボイス等に記載された消費税額等を積み上げて計算する。

　このように計算方法が限定されるのは、売上げに係る税額と仕入れに係る税額の計算方法の違いによる有利計算を排除するための措置とされています。

(2)　**小売業を営む事業者で、商品販売時に簡易インボイスを交付しようとしたところ、顧客がこれを受け取らなかった場合には、このような取引には、売上げに係る消費税額の積上げ計算の適用は可能でしょうか（インボイスQ＆A問92）。**

ANSWER

　インボイスを交付しようとして顧客がこれを受け取らず、物理的にインボイスの交付ができなかった場合や、交付を求められたとき以外にレシートを出力していないときでも、インボイス発行事業者においては、当該インボイス等の写しを保存しておけば、売上税額の積上げ計算を行っても差し支えありません。

⑶　**委託販売を行う場合の消費税額計算の留意点について教えてください（インボイスＱ＆Ａ問39）。**

‖ANSWER‖

　上記⑴、⑵で確認したように売上げに係る消費税額の計算は、インボイス等の写しを保存している場合に、記載された税率ごとの消費税額の合計額に100分の78を乗じて計算することができます。

　また、委託販売における受託者が媒介者交付特例を適用してインボイスを交付する場合には、

　　①　買い手に交付したインボイスの写し又は提供した電磁的記録を保存する

　　②　買い手に交付したインボイスの写し又は提供した電磁的記録を速やかに委託者に交付又は提供する

こととされています

　②については、委託者が複数である場合や多数の購入者に対し、日々インボイスを発行する場合など、インボイスの写しそのものを交付することが困難な場合には、インボイスの写しと相互の関連が明確な精算書等の書類等を交付することで差し支えないとされています（インボイス通達３−８）。

　なお、媒介者交付特例とは、委託販売において、本来委託者が交付すべきインボイスを受託者が自己の氏名又は名称及び登録番号を記載したインボイスを委託者に代わって、購入者に提供する次のようなスキームをいいます（新令70の12①）。

図14　媒介者交付特例の取引図

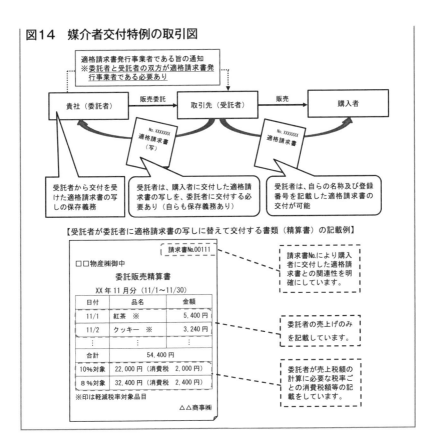

【受託者が委託者に適格請求書の写しに替えて交付する書類（精算書）の記載例】

7　電子取引とインボイス

(1)　書類に代えて、インターネットを利用して電子メールで請求書に係る電子データを提供している場合、この電子データに必要な記載項目にはどのようなものがありますか（インボイスＱ＆Ａ問28、53、72）。

ANSWER

　インボイス発行事業者は、国内において課税資産の譲渡等を行った場合に、相手方（課税事業者に限ります）からの求めに応じ、インボイスを発行しなければなりませんが、インボイスに代えて電子インボイスを提供することもできます（新法57の４①）。

　なお、提供する電子インボイスには、紙出力によるインボイスの記載事項を同じ内容の記録が必要となります。

①　電子インボイスを提供するインボイス発行事業者の氏名又は名称及び登録番号

②　課税資産の譲渡等を行った年月日

③　課税資産の譲渡等に係る資産又は役務の内容（課税資産の譲渡等が軽減対象資産の譲渡等である場合には、資産の内容及び軽減対象資産の譲渡等である旨）

④　課税資産の譲渡等の税抜価額又は税込価額を税率ごとに区分して合計した金額及び適用税率

⑤　税率ごとに区分した消費税額等

⑥　電子インボイスの提供を受ける事業者の氏名又は名称

また、電子インボイスの提供方法は、次のような方法があります（インボイス通達３－２）

①　EDI※取引における電子データの提供

②　電子メールによる電子データの提供

③ インターネット上にサイトを設け、そのサイトを通じた電子デー
タの提供
※ EDI（Electronic Data Interchange）取引とは、異なる企業・組織間で
商取引に関連するデータを通信回線を介してコンピュータ間で交換する取
引等をいいます。

(2)　**インボイス発行事業者について、自ら交付した電子インボイスの保存方法について教えてください（インボイスＱ＆Ａ問67）。**

ANSWER

　インボイス発行事業者は、国内において行った課税資産の譲渡等につき、取引の相手方にインボイスの発行をしなければなりませんが、インボイスに代えて、電子インボイスを相手方に提供することができます（新法57の４①⑤）。

　その場合、提供した電子インボイスを

　電磁的記録のまま　又は　紙出力して

その提供した日の属する課税期間の末日の翌日から２月を経過した日から７年間、納税地又はその取引に係る事務所、事業所その他これらに準ずるものの所在地に保存しなければなりません（新法57の４⑥、新令70の13①、新規26の８）。

　また、電子インボイスを電磁的記録のまま保存しようとするときは、次の措置を講ずる必要があります（新令50①、新規15の５）。

①　電子インボイスを提供する前にタイムスタンプを付すこと（電規４①一）

②　次のいずれかの方法によりタイムスタンプを付すとともに、その電子インボイスの保存を行う者又はその者を直接監督する者に関する情報を確認できるようにしておくこと（電規４①二）

　㈇　電子インボイス提供後速やかにタイムスタンプを付すこと

　㈁　電子インボイスの提供からタイムスタンプを付すまでの各事務処理に関する規程を定めている場合、その業務処理に係る通常の期間を経過した後、速やかにタイムスタンプを付すこと

③　電子インボイスの記録事項につき、次のいずれかの要件を満たす電子計算機処理システムを使用して電子インボイスの提供及び電磁的記録を保存すること（電規４①三）

　㈇　訂正又は削除を行った場合には、その事実及び内容を確認することができること

(ロ) 訂正又は削除することができないこと

④ 電子インボイスの記録事項につき、正当な理由がない訂正及び削除の防止に関する事務処理規程を定め、当該規程に沿った運用を行い、当該電磁的記録の保存に併せて当該規程の備付けを行うこと（電規4①四）

上記①〜④については、いずれかの措置を行うこととされ、上記以外に、

① 電子インボイスに係る保存等に併せてシステムの概要書の備付けを行うこと（電規2②一、4①）

② 電子インボイスを保存する場所に、その電子計算機処理の用に供することができる電子計算機、プログラム、ディスプレイ及びプリンタ並びにこれらの説明書を備え付け、その電磁的記録をディスプレイの画面及び書面に、整然とした形式及び明瞭な状態で、速やかに出力できるようにしておくこと（電規2②二、4①）

③ 電子インボイスについて、次の要件を満たす検索機能を確保しておくこと（電規2⑥六、4①）

(イ) 取引の年月日その他の日付、取引金額及び取引先を検索条件として設定できること

(ロ) 日付又は金額に係る記録項目について、その範囲を指定して条件を設定することができること

(ハ) 二以上の任意の記録項目を組み合わせて条件を設定できること

なお、電子インボイスを紙出力して保存する場合には、整然とした形式及び明瞭な状態で出力することが求められます（新規26の8②）。

(3)　取引先から提供を受けた電子インボイスを紙出力して保存することで、仕入税額控除の要件は満たしますか（インボイスＱ＆Ａ問69）。

ANSWER

　電子インボイスの提供を受けた場合でも、電磁的記録を整然とした形式及び明瞭な状態で出力した書面を保存することで、仕入税額控除の適用に係る請求書等の保存要件を満たします（新規15の5②）。

(4)　EDI取引を行っており、取引先と電子データを交換することで、日々の受発注などを行っています。

　決済についても、請求書は交付されず、取引先に対し1月をまとめて支払通知書を書面で交付しています。支払通知書には取引先の登録番号の記載を行いますが、日々の取引の明細は、取引先が提供する電子データを参照しようとする場合、書面の支払通知書と電子データの両方を保存することで、インボイスを保存することに該当しますか（インボイスＱ＆Ａ問72）。

ANSWER

　課税資産の譲渡等の内容（軽減対象である旨を含む）を記録した取引明細に係る電磁的記録と書面で作成する支払通知書の全体により、請求書等の記載事項を満たすため、書面で作成した支払通知書と取引明細に係る電磁的記録を併せて保存することで、仕入税額控除のための保存要件を満たします。

　この場合の取引明細に係る電磁的記録の保存方法は、提供を受けた電子インボイスの保存方法と同じです（新令50①、新規15の5）。

(5) 取引先から電子インボイスの交付を受けている場合、仕入税額控除の要件を満たすためには、電子インボイスをどのような方法で保存すればいいですか。

ANSWER

　提供を受けた電子インボイスを電磁的記録のまま保存しようとするときは、次の措置を講ずる必要があります（新規26の8①）。

① タイムスタンプが付された電子インボイスを受領すること（電規4①一）

② 次のいずれかの方法によりタイムスタンプを付すとともに、その電子インボイスの保存を行う者又はその者を直接監督する者に関する情報を確認できるようにしておくこと（電規4①二）

(イ) 電子インボイス提供後速やかにタイムスタンプを付すこと

(ロ) 電子インボイスの提供からタイムスタンプを付すまでの各事務処理に関する規程を定めている場合、その業務処理に係る通常の期間を経過した後、速やかにタイムスタンプを付すこと

③ 電子インボイスの記録事項につき、次のいずれかの要件を満たす電子計算機処理システムを使用して電子インボイスの提供及び電磁的記録を保存すること（電規4①三）

(イ) 訂正又は削除を行った場合には、その事実及び内容を確認することができること

(ロ) 訂正又は削除することができないこと

④ 電子インボイスの記録事項につき、正当な理由がない訂正及び削除の防止に関する事務処理規程を定め、当該規程に沿った運用を行い、当該電磁的記録の保存に併せて当該規程の備付けを行うこと（電規4①四）

　上記①〜④については、いずれかの措置を行うこととされ、上記以外に、

① 電子インボイスに係る保存等に併せてシステムの概要書の備付けを行うこと（電規2②一、4①）

② 電子インボイスを保存する場所に、その電子計算機処理の用に
供することができる電子計算機、プログラム、ディスプレイ及び
プリンタ並びにこれらの説明書を備え付け、その電磁的記録をディ
スプレイの画面及び書面に、整然とした形式及び明瞭な状態で、
速やかに出力できるようにしておくこと（電規2②二、4①）

③ 電子インボイスについて、次の要件を満たす検索機能を確保し
ておくこと（電規2⑥六、4①）

　⑷ 取引年月日その他の日付、取引金額及び取引先を検索条件と
して設定できること

　⑼ 日付又は金額に係る記録項目について、その範囲を指定して
条件を設定することができること

　⑾ 二以上の任意の記録項目を組み合わせて条件を設定できるこ
と

なお、電子インボイスを紙出力して保存する場合には、整然とした
形式及び明瞭な状態で出力することが求められます（新規26の8②）。

事務所内研修・関与先指導のポイント

　税理士事務所が関与先の課税仕入れに係る経理処理の内容を確認する場合、現行の区分記載請求書等保存方式では、帳簿に記載された情報と原始資料である請求書や領収書等を照合することで、経理処理の適否を判断しています。

図15　区分記載請求書方式による課税仕入れに係る経理処理の確認

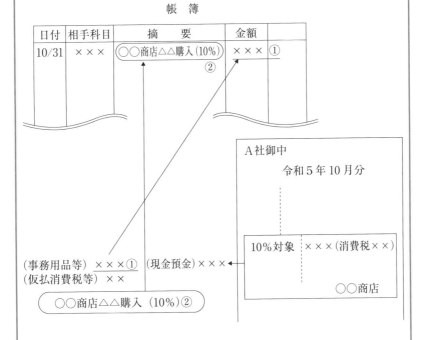

　インボイス方式では、帳簿に記載された情報と課税仕入れについてはインボイスと、他の支払については、従来通りの請求書や領収書を照合することになります。

　また、消費税に係る経理処理が税抜き方式による場合は、仮払消費税等の金額でおおよその適用税率が判断できますが、当該税率が軽減税率に係るものか、経過措置に係るものかは、該当する原始資料からその情報を読み取らなければなりません。

図16　インボイス方式による課税仕入れに係る経理処理の確認

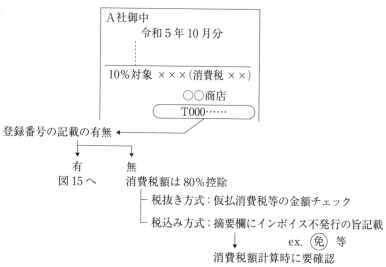

A社御中
　　令和5年10月分

10%対象 ×××（消費税 ××）

　　　　　　　　○○商店
　　　　　　T000……

登録番号の記載の有無

有　　　　無
図15へ　　消費税額は80%控除
　　　　├ 税抜き方式：仮払消費税等の金額チェック
　　　　└ 税込み方式：摘要欄にインボイス不発行の旨記載
　　　　　　　　　　　　　ex. （免）等
　　　　　　消費税額計算時に要確認

　関与先の経理処理が税込み方式によっている場合、課税仕入れに係るインボイスから必要となる情報をいかに合理的に仕訳に反映させるかのルール作りが必須となります。

　まずは、インボイス記載事項について、取引先名、取引内容、適用税率（免税を含む）等を仕訳摘要欄にどのように反映させるかなど関与先と共通ルールを作っておくことは、税理士事務所と関与先にとって有効です。

図17　インボイス記載事項6項目

① インボイス発行事業者の氏名又は名称及び<u>登録番号</u>
② 課税資産の譲渡等を行った年月日
③ 課税資産の譲渡等に係る資産又は役務の内容
④ 税率ごとに区分して合計した金額及び<u>適用税率</u>
⑤ 税率ごとに区分した消費税額
⑥ 交付を受ける事業者（当社）の氏名又は名称

経理処理時に要確認

摘要欄記載事項の簡略化（記号化）

インボイス発行事業者	10%	（10%）
	8%(軽)	（8%）
インボイス不発行者	10%	（10%免）
	8%(軽)	（8%免）

第3章

電子帳簿保存

1 改正電子帳簿保存法の概要①

(1) 電帳の黎明

　令和3年度税制改正で、電子帳簿保存法（以下「電帳法」）が抜本的に改正され、電子帳簿保存（以下「電帳」）を適用するための要件が緩和され、それまで、電子帳簿保存の適用には事前の承認申請が必要であったものを、一定の要件を満たしていれば、承認申請なしに適用することができるようになりました。

　この改正を受け、令和4年1月から適用される予定であった電帳法ですが、中小企業をはじめとした各会から準備期間が短く、新制度に対応しきれない等の意見が相次ぎ、令和4年1月1日から令和5年12月31日までの間に行われた電子取引データは、やむを得ない事情がある場合は、引き続き出力書面による保存を可能とするという2年の猶予期間を設け、令和6年1月以降に新制度に移行することになりました。

　特に、電帳法にある「国税関係書類」に係る保存要件については、中小企業の負担増が懸念されました。

　電帳法の適用まで2年の猶予期間が設けられたものの、令和5年10月からは、消費税インボイス制度がいよいよ実践段階に入ること、また、3年近くの間、コロナ禍の影響を受け、ペーパーレス化が日常業務にも浸透し始めている最近の動向を見ると、インボイス制度とともに電帳への対応も進める必要があります。

　ただし、本書の冒頭にもありますように、電帳をフルスペックで対応する必要はなく、それぞれに事業の態様に応じて、必要と考えられる項目を一つずつクリアしていくことが大切です。

　まず、今般の電帳法改正に至るまでの経緯を確認します。

(2)　改正電帳法までの経緯

　平成9年12月16日に政府税制調査会が取りまとめた「平成10年度の税制改正に関する答申」で、次のような基本的な考え方が示されました。

　「新しい時代の流れに対応し、納税者の帳簿書類の保存の負担軽減を図るために、記録段階から<u>コンピュータ処理によっている帳簿書類については、電子データ等により保存することを認めることが必要である</u>と考えます。その際には、<u>コンピュータ処理は、痕跡を残さず記録の遡及訂正をすることが容易である、肉眼でみるためには出力装置が必要である</u>などの特性を有することから、適正公平な課税の確保に必要な条件整備を行うことが不可欠です。また、電子データ等による保存を容認するための環境整備として、<u>EDI取引（取引情報のやり取りを電子データの交換により行う取引）に係る電子データの保存を義務づけることが望ましい</u>と考えます。」

　文章で見れば、特に下線を付した部分について、高次元の事柄が要求されているものでなく、現在、私たちの業務の中で当然に意識し、実践されている内容です。

　また、スキャナ保存についても、法令により義務付けられている紙での保存が、民間の経営活動や業務運営の効率化の阻害要因となっており、日本経団連をはじめとする民間企業等から政府に対して、法令により義務付けられている紙での保存について早期に電子保存が可能となるよう数度にわたり、強い要望がなされ、技術的にも情報通信技術の進展により、紙での保存に代えて、電子的に保存することが可能になっていました。

　このような検討経緯を経て紙での保存を義務付けている多数の法令について、統一的な方針の下に電子保存を容認する措置が講ぜられることになり、「高度情報通信ネットワーク社会形成基本法」に基づく、「e-Japan重点計画－2004（平成16年6月15日IT戦略本部決定）」において、民間における文書・帳票の電子的な保存を原則として容認する統一的な法律の制定を行うものとされたことを受けて、平成16年12月1日に「民間事業者等が行う書面の保存等における情報通信の技術の利用に関する法律（以下「e-

文書通則法」）と「民間事業者等が行う書面の保存等における情報通信の技術の利用に関する法律の施行に伴う関係法律の整備等に関する法律（以下「e-文書整備法」）が公布されました（以上、国税庁HP「電子帳簿保存法　制度創設等の背景」抜粋加筆）。

(3)　国税の対応

　上記で確認した流れは、情報通信技術の発展の度合いを見た時には当然のものであり、国税分野でも、税務関係書類について、適正公平な課税を確保しつつ、電子化によるコスト削減をいかに図るかという観点から、検討が進められました。

　平成17年度の電帳法改正では、適正公平な課税を確保するため、特に重要な文書である決算関係書類や帳簿、一部の電磁的記録による保存（以下「スキャナ保存」）が認められ、平成27年度改正では、スキャナ保存について要件の緩和が行われました。

　要件緩和の内容は、

① 　スキャナ保存の対象となる国税関係書類の範囲の拡充

② 　スキャナ保存の要件緩和

③ 　適時入力に係る要件緩和

　さらに、平成28年度改正では、

① 　読み取りを行う装置に係る要件の緩和

② 　受領者が読み取りを行う場合の手続の整備

③ 　相互けん制要件に係る小規模企業者の特例

の要件の緩和が行われ、スマートフォン等がスキャナ保存で活用できるようになりました。

2　改正電子帳簿保存法の概要②

(1)　国税関係帳簿書類の電磁的記録による保存等

　国税関係帳簿書類の保存義務者※は、国税関係帳簿の全部又は一部について、自己が最初の記録段階から一貫してコンピュータ等を使用して作成する場合には、一定の要件の下で、その電磁的記録の備付け及び保存により、その帳簿の備付け及び保存に代えることができます（電法４①）。

　また、保存義務者が、自己が一貫してコンピュータ等を使用して国税関係書類の全部又は一部を作成する場合には、その電磁的記録の保存をもってその書類の保存に代えることができます（電法４②）。

　さらに、保存義務者は、国税関係書類※の全部又は一部について、スキャナ保存をするときは、一定の要件の下で、その電磁的記録の保存をもって国税関係書類の保存に代えることができます（電法４③）。

※　国税関係書類のうち、棚卸表、貸借対照表及び損益計算書並びに計算、整理又は決算に関して作成されたその他の書類は、スキャナ保存の対象から除かれます（電規２④）。

※　保存義務者

　国税に関する法律の規定により国税関係帳簿書類を保存しなければならないとされている者をいう（電法２四）。

　国税関係帳簿書類には次のようなものがあります

　－帳簿－　仕訳帳、現金出納帳、売掛金元帳、固定資産台帳、売上帳、仕入帳など

　－書類－　棚卸表、貸借対照表、損益計算書、注文書、契約書、領収書、請求書など

事務所内研修・関与先指導のポイント

　国税関係帳簿書類の帳簿、書類のうち棚卸表、貸借対照表等は、保存義務者において作成されるもので、税理士事務所、関与先において、コンピュータで処理されている場合が多く、既に電子帳簿保存の要件を満たしているものもあります。

　まず、書類のうち、特に下線を付した注文書等については、取引の相手先が紙で発行したものを受け取り、現状で紙保存されていたものをスキャナ保存により、電帳を適用するかが問題となります。

　スキャナ保存することによる事務負担と書類が電子化されることによる合理化とのバランスを検討し、対応を判断すべきです。

図18　事務負担と合理化のバランスの検討

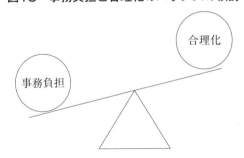

事務負担増＞事務の合理化　又は　事務負担増＜事務の合理化

⑵　電子取引への対応

　事業規模の大小を問わず、最近では、取引情報（見積書や納品書、請求書等に記載される事項）を郵送等によらず、電子メールに添付して授受が行われるケースも散見されます。このような取引情報を電磁的方式により授受する取引を電子取引といいます（電法２五）。

　所得税及び法人税に係る保存義務者は、電子取引を行った場合には、一定の要件の下でその電子取引の取引情報に係る電磁的記録を保存しなければなりません（電法７）。

　上記⑴、⑵は、次のようにまとめることができます。

図19　国税関係帳簿書類、電子取引

国税関係帳簿	国税関係書類				電子取引
・仕訳帳 ・総勘定元帳 ・売掛帳 ・買掛帳 ・現金出納帳 　　など	決算関係書類 ・貸借対照表 ・損益計算書 ・試算表 　　など	取引関係書類			電子メール・ EDI 等による授受
		自己が作成する書類		取引先から 収受する書類	
		データ ・請求書（控） ・領収書（控） ・納品書（控） 　　など	紙 ・請求書（控） ・領収書（控） ・納品書（控） 　　など	紙 ・請求書 ・領収書 ・納品書 　　など	請求書 領収書 納品書 　　など

⇩	⇩	⇩
電子帳簿等保存	スキャナ保存	電子取引保存

一定の要件

⑶　一定の要件の下

　上記で確認した電子帳簿、スキャナ保存、電子取引については、電磁的記録により保存することができる（電子取引では保存しなければならない）とされていますが、それぞれに、「一定の要件の下で」と規定されています。

　それぞれに規定されている一定の要件について、税理士事務所や関与先においてどのような対応が求められるかを確認します。

3 電子帳簿保存の一定の要件

⑴ **マニュアルの備付け**（電子帳簿保存法一問一答［帳簿書類関係］
問 7、8）

　国税関係帳簿書類については電磁的記録により保存等を行う場合には、
電子計算機処理システムの概要書等の備付け等の要件を満たす必要があり
ます（電規 2、3）。

　国税関係帳簿書類に係る保存要件をまとめると、次のようになります。

図20　電磁的記録等による保存等の要件の概要（規則第２条・第３条・第５条）

【電子保存等及びCOM保存等】

要　　件	電子保存等(注1)(第２条)			COM保存等(注2)(第３条)		
	優良帳簿(第５条)	優良以外の帳簿	書類	優良帳簿(第５条)	優良以外の帳簿	書類
電子計算機処理システムの概要書等の備付け（規２②一）	○	○	○	○	○	○
見読可能装置の備付け等（規２②二）	○	○	○	○	○	(※1)
ダウンロードの求めに応じること（規２②三）	△※2	○※3	△※4	△※2	○※3	△※5
COMの作成過程等に関する書類の備付け（規３①一）				○	○	○
COMの見読可能装置の備付け等（規３①二）				○	○	○
電磁的記録の訂正・削除・追加の事実及び内容を確認することができる電子計算機処理システムの使用（規５⑤一イ、二イ）	○			○		
帳簿間での記録事項の相互関連性の確保（規５⑤一ロ、二イ）	○			○		
検索機能の確保（規５⑤一ハ、二イ）	△※2			△※2		(※1)
索引簿の備付け（規５⑤二ハ）				○		
COMへのインデックスの出力（規５⑤一二）				○		
当初３年間における電磁的記録の並行保存又はCOMの記録事項の検索機能の確保（規５⑤二ホ）				○※6		

（注）1　「電子保存等」とは、①帳簿の電磁的記録による備付け及び保存又は②書類の電磁的記録による保存をいう。

2　「COM保存等」とは、①帳簿の電磁的記録による備付け及びCOMによる保存又は②書類のCOMによる保存をいう。

3　※1　当初３年間の電磁的記録の並行保存を行う場合の要件である。

※2　「ダウンロードの求め」に応じる場合には、検索機能のうち、範囲を指定して条件を設定できる機能及び二以上の任意の記録項目を組み合わせて条件を設定できる機能は不要となる。

※3　優良帳簿の要件を全て満たしている場合には「ダウンロードの求めに応じること」の要件は不要となる。

※4　検索機能の確保に相当する要件を満たしている場合には「ダウンロードの求めに応じること」の要件は不要となる。

※5　索引簿の備付け、COMへのインデックスの出力及び当初３年間における電磁的記録の並行保存又はCOMの記録事項の検索機能の確保に相当する要件を全て満たしている場合には「ダウンロードの求めに応じること」の要件は不要となる。

※6　検索機能については、ダウンロードの求めに応じれば、検索機能のうち、範囲を指定して条件を設定できる機能及び二以上の任意の記録項目を組み合わせて条件を設定できる機能は不要となる。

4　「優良帳簿」については、一定の場合に、あらかじめ、適用届出書を所轄税務署長等に提出したうえで、過少申告加算税の軽減措置の適用を受けることができる。

　この表中の網掛部分（優良以外の帳簿）が、中小企業が帳簿の電子保存を実践するうえで、最も現実的な方法といえるでしょう。

　システムのマニュアル等は、最近では紙媒体によらず、オンラインマニュアルやオンラインヘルプ機能に操作説明書と同等の内容が組み込まれている場合も多くあります。

　このような場合、それらが整然とした形式及び明瞭な状態で画面や書面に速やかに出力することができれば、マニュアル等を備え付けていると取り扱われます（電通4－6）。

(2)　手順を整える（電子帳簿保存法一問一答［帳簿書類関係］　問9）

　上記(1)でマニュアル等を備え置いたとしても、事務処理の手順がまちまちでは、ミスを誘発することになりかねません。事務処理の手順を定め、取り決められたルールに基づく処理を行うことが、ミスを少なくし、また、ミスがあった場合にもその原因を特定し、同じミスの発生を防ぐためにも有効です。

　電帳法では、この事務処理のルールを明らかにした書類を「事務手続関係書類（電規2②一ニ）」として、次のような内容を記載したものを求めています。

国税関係帳簿に係る電子計算機処理に関する事務手続を明らかにした書類（概要）

（入力担当者）

1　仕訳データ入出力は、所定の手続を経て承認された証票書類に基づき、入力担当者が行う。

（仕訳データの入出力処理の手順）

2　入力担当者は、次の期日までに仕訳データの入力を行う。

　(1)　現金、預金、手形に関するもの　　取引日の翌日（営業日）

　(2)　売掛金に関するもの　　　　　　　請求書の発行日の翌日（営業日）

(3)　仕入、外注費に関するもの　　検収日の翌日（営業日）

(4)　その他の勘定科目に関するもの　取引に関する書類を確認して
　　　　　　　　　　　　　　　　　から1週間以内

（仕訳データの入力内容の確認）

3　入力担当者は、仕訳データを入力した日に入力内容の確認を行い、入力誤りがある場合は、これを速やかに訂正する。

（管理責任者の確認）

4　入力担当者は、業務終了時に入力データに関するデータをサーバに転送する。管理責任者はこのデータの確認を速やかに行う。

（管理責任者の確認後の訂正又は削除の処理）

5　管理責任者の確認後、仕訳データに誤り等を発見した場合には、入力担当者は、管理責任者の承認を得た上でその訂正又は削除の処理を行う。

（訂正又は削除記録の保存）

6　5の場合は、管理責任者は訂正又は削除の処理を承認した旨の記録を残す。

(3)　検索機能

　保存されている電磁的記録は、原則として一課税期間を通じて検索することができる必要がありますが（電通4－10）、データ量が膨大で一つの媒体で保存しきれず、複数の媒体を使用せざるを得ない合理的な理由がある場合には、その合理的な期間ごとに範囲を指定して検索が可能であれば差し支えありません。

(4)　ダウンロードへの対応（電子帳簿保存法一問一答［帳簿書類関係］21・22）

　電子帳簿保存の要件にダウンロードの求めに応じること（電規2②三）

があります。

　税務調査の際に税務職員が確認可能な状態で提出されるのであれば、電磁的記録の形式や並び順は問われません。ただし、通常出力可能な形式等（CSV形式等）で提供できるようにしておく必要があります。

　また、「ダウンロードの求め」に応じることができるようにしておく場合については、その電磁的記録を保存した記憶媒体（USBやSDカード等）の提示・提出に応じることができるようにしておくことまで含まれていませんが、当該USB等が質問検査権の対象となる場合もあります。

　つまり、税務調査の場面では、CSV形式の電磁的記録を提示・提出をすることで、USB等の媒体自体を提出するものではありません。

図21　ダウンロードが必要な場合

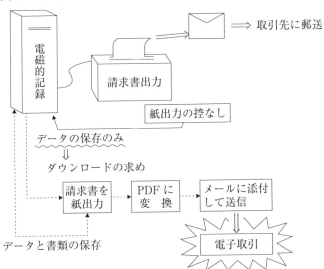

4 スキャナ保存の一定の要件

⑴　**スキャナ保存の要件**（電子帳簿保存法一問一答［スキャナ保存
　関係］　問10）

　国税関係書類のスキャナ保存に当たっては、真実性や可視性を確保する
ための要件を満たす必要があります（電規２）。

図22　国税関係帳簿書類のスキャナ保存の区分

スキャナ保存対象

書類の性格	書類の名称	書類の内容
一連の取引過程における開始時点と終了時点の取引内容を明らかにする書類で、取引の中間過程で作成される取引の真実性を補完する書類	契約書 領収書	恒久的施設との間の内部取引に関し、外国法人等が作成する書類のうち、これらに相当するもの 並びに これらの写し
一連の取引の中間過程で作成される書類で、所得金額の計算と直結・連動する書類	預り証 借用証書 預金通帳 小切手 約束手形 有価証券受渡計算書 社債申込書 契約の申込書 （定型的約款無し） 請求書 送り状 輸出証明書	恒久的施設との間の内部取引に関して外国法人等が作成する書類のうち、これらに相当するもの 並びに これら（納品書を除く）の写し
資金の流れや物の流れに直結・連動しない書類 （重要度：低）	検収書 入庫報告書 貨物受領証 見積書 注文書 契約の申込書	並びにこれらの写し及び納品書の写し

スキャナ保存対象外

書類の性格	書類の名称	書類の内容
帳　簿	仕訳帳 総勘定元帳	一定の取引に関して作成されたその他の帳簿
計算、整理又は決算関係書類	棚卸表 貸借対照表 損益計算書	計算、整理又は決算に関して作成されたその他の帳簿

（右側の三角図）速やかに入力 ／ 業務サイクル後速やかに入力 ／ 適時に入力

図23　スキャナ保存の要件

要　件	重　要書　類 (注1)	一　般書　類 (注2)	過去分重要書類 (注3)
入力期間の制限（書類の受領等後又は業務の処理に係る通常の期間を経過した後、速やかに入力）（規2⑥一イ、ロ）	○		
一定水準以上の解像度（200dpi以上）による読み取り（規2⑥二イ(1)）	○	○	○
カラー画像による読み取り（赤・緑・青それぞれ256階調（約1677万色）以上）（規2⑥二イ(2)）	○	※1	○
タイムスタンプの付与（規2⑥二ロ）	○※2	○※3	○※3
解像度及び階調情報の保存（規2⑥二ハ(1)）	○	○	○
大きさ情報の保存（規2⑥二ハ(2)）	○※4		
ヴァージョン管理（訂正又は削除の事実及び内容の確認等）（規2⑥二ニ）	○	○	○
入力者等情報の確認（規2⑥三）	○	○	○
スキャン文書と帳簿との相互関連性の保持（規2⑥四）	○	○	○
見読可能装置（14インチ以上のカラーディスプレイ、4ポイント文字の認識等）の備付け（規2⑥五）	○	※1	○
整然・明瞭出力（規2⑥五イ～ニ）	○	○	○
電子計算機処理システムの開発関係書類等の備付け（規2⑥七、同2②一）	○	○	○
検索機能の確保（規2⑥六）	○	○	○
その他			※5、※6

（注）1　決算関係書類以外の国税関係書類（一般書類を除く）をいう。
　　　2　資金や物の流れに直結・連動しない書類として規則第2条第7項に規定する国税庁長官が定めるものをいう。
　　　3　スキャナ保存制度により国税関係書類に係る電磁的記録の保存をもって当該国税関係書類の保存に代えている保存義務者であって、その当該国税関係書類の保存に代える日前に作成又は受領した重要書類をいう。
　　　4　※1　一般書類の場合、カラー画像ではなくグレースケールでの保存可。
　　　　※2　入力事項を規則第2条第6項第1号イ又はロに掲げる方法により当該国税関係書類に係る記録事項を入力したことを確認することができる場合には、その確認をもってタイムスタンプの付与に代えることができる。
　　　　※3　当該国税関係書類に係る記録事項を入力したことを確認することができる場合には、タイムスタンプの付与に代えることができる。
　　　　※4　受領者等が読み取る場合、A4以下の書類の大きさに関する情報は保存不要。
　　　　※5　過去分重要書類については当該電磁的記録の保存に併せて、当該電磁的記録の作成及び保存に関する事務の手続を明らかにした書類（当該事務の責任者が定められているものに限られます。）の備付けが必要。
　　　　※6　過去分重要書類については所轄税務署長等宛に適用届出書の提出が必要。

(2)　**タイムスタンプ※とは**（電子帳簿保存法一問一答［スキャナ保存
関係］　問27・28）

・電磁的記録がある時点において存在していたこと ⎫ 証明するた
・電磁的記録がその時点から改ざんされていないこと ⎭ めの情報

※　タイムスタンプの要件（電規2⑥二）

　・当該記録事項が変更されていないことについて、当該国税関係書類
　　の保存期間を通じ、当該業務を行う者に対して確認する方法その他
　　の方法により確認することができること

　・課税期間中の任意の期間を指定し、当該期間内に付したタイムスタ
　　ンプについて、一括して検証できること

図24　タイムスタンプ

《タイムビジネス信頼・安心認定マーク》

　　　　　　　　　　　　　　　　　　── 認証番号等（※）

　　　認定マークを使用できる場所
　　　　・ホームページ、名刺、説明書、宣伝広告用資料、取引書類　等
　　　※　認証番号等とは、一般財団法人日本データ通信協会から発行され
　　　　る認定番号に続けて、認定回数を括弧内に記載しているものです。

　また、タイムスタンプは、「一の入力単位ごと」に付すこととされてい
ます（電規2⑥二ロ）。例えば、書類の種類ごとや部署ごとの電磁的記録
にまとめて付すことも可能です。

(3)　**タイムスタンプを付す期間**（電子帳簿保存法一問一答［スキャ
ナ保存関係］　問23・29・50）

国税関係書類の受領等から最長で2か月とおおむね7営業日以内に入力

します（電通4-17）。この通達では、それぞれの企業において採用している業務処理サイクルの期間を「その業務の処理に係る通常の期間」といい、概ね7営業日以内に入力している場合には、「速やかに」処理が行われていると考えています。

　例えば、2週間を業務サイクルとしている企業であれば、2週間と7日以内とし、最長で2か月の業務サイクルであれば「その業務の処理に係る通常の期間」として2か月とおおむね7日以内として取り扱うこととされます（電通4-18）。

　特別な理由もなく、領収書等を受領してから通常の業務サイクルと7営業日が経過した後にタイムスタンプを付した場合には、スキャナ保存の要件を満たさないと判断される場合もありますので、注意が必要です。

> ## 事務所内研修・関与先指導のポイント
>
> 　タイムスタンプに係る処理期間をおおむね2か月と7営業日としているのは、スキャナ保存を前提とした期間設定であることを共通の認識としましょう。
>
> 　実務では、消費税に係る処理について、登録番号の有無や適用税率等を確認したうえで経理処理を行います。2月以上の期間、処理をため込むことは、経理処理にミスが出る可能性を高めることになります。
>
> 　それぞれの関与先の経理処理に係るマンパワーや処理量等を勘案し、合理的に処理ができる業務処理サイクルを設定し、定められたそのサイクルで業務がスムーズに遂行できるように、関与先内での習慣化・定着化を進めることが大切です。

　関与先において、受領した領収書等をスキャナ保存し、タイムスタンプを付した後にその書類が折れ曲がっていたため、スキャンミスがあったような場合、

① 　当初の読み取りがその業務の処理に係る通常の期間と7営業日以内に行われていること

② 　スキャンミスを把握してから、その業務の処理に係る通常の期間と

　　7営業日以内に再度タイムスタンプを付していること
③　当初のスキャンミスをした電磁的記録についても、読み取り直した
　　電磁的記録の訂正削除履歴（ヴァージョン管理）に基づき保存してい
　　ること
をもって、受領からその業務の処理に係る通常の期間と7営業日以内にタ
イムスタンプを付したものと考えます。

図25　通常の業務サイクル期間内に訂正処理された場合

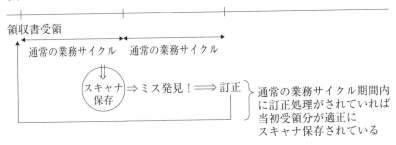

(4)　訂正又は削除の履歴の確保

　　上記(3)のような、訂正があった場合、又は削除する場合には、次のよう
な要件が求められます（電通4-25、27）。

図26-1　訂正削除履歴の確保の方法

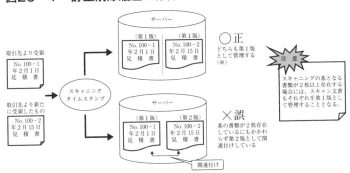

　※　どちらも第1版として管理することになるため、その後の処理を円滑に行う観点からは、旧見積書
　　（2月1日付）の電磁的記録の記録事項を削除フォルダに移して保存する等を行うことが望ましい。

図26－2　更新処理の方法

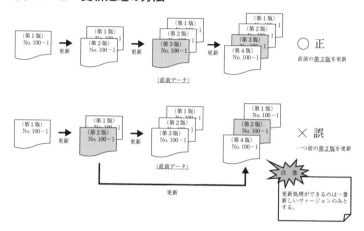

図26－3　訂正及び削除前の内容確認ができる

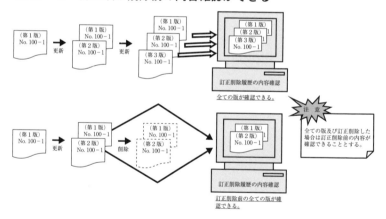

5 電子取引の一定の要件

(1) 電子取引の範囲と保存要件（電子帳簿保存法一問一答［電子取引関係］ 問2・3・14・15・41）

電子取引とは、取引情報の授受を電磁的方式により行う次のような取引をいいます（電法2五）。

また、取引情報とは、取引について受領・交付する注文書や契約書、送り状、領収書、見積書等に通常記載される事項をいいます。

具体的には、次のような取引が対象となります。

電子取引	具体例	対象データ	備考
EDI（電磁的記録交換システム）		電子契約書、電子請求書・電子領収書等受発注に関する商取引文書	
インターネットによる取引	インターネット通販（Amazon、楽天等）	電子請求書、電子領収書、注文明細等のメールや画面	
	インターネットオークション（ヤフオク等のオークションサイト）	商品画面、取引履歴画面、連絡メール等	
	フリーマーケットサイト	商品画面、取引履歴画面、連絡メール等	商品画面の閲覧期間に注意
	クレジットカード	電子で提供される利用明細書等	閲覧ダウンロード可能期間に注意
	ネットバンキング	振込等各種取引、ペイジーやデビット等決済詳細、入出金履歴等	閲覧可能期間に注意

| インターネットに
よる取引 | 電気・ガス、携帯
電話等のインフラ
会社等のお客様管
理ページ | 電子請求書・電子
領収書 | 概ね１年程度閲覧
可能 |
|---|---|---|---|
| クレジットカード
や交通系ICカード
などキャッシュレ
ス決済に係る利用
明細データ | 各種クレジット
カード、○○Pay、
ICOCA・SUGOCA、
ID等電子マネー | 電子で提供される
利用明細書等決済
完了通知書、決済
履歴等の画面等 | 履歴確認方法等要
確認 |
| 電子メール | 取引先との受発注 | メールに添付され
た請求書、領収書
等
メール本文 | 受信したものと自
己が発信したもの
も対象 |
| ペーパーレスFAX
で、請求書・領収
書を受領 | 複合機で受信後に
プリントアウトさ
れるもの | 複合機内に受信さ
れたFAXデータ、
相手に送信した
データ | 受信したものと自
己が発信したもの
も対象 |
| | eFax等のインター
ネットFAX | クラウド上の受信
データ、相手に送
信したデータ | |
| USBメモリ等の記
憶媒体により請求
書・領収書等を受
領した場合 | USBメモリ、
DVD、SD-R等 | 電子契約書、電子
請求書、電子領収
書等受発注に関す
る商取引文書 | |

事務所内研修・関与先指導のポイント

　上記の図のうち、網掛け部分は、関与先に限らず税理士事務所においても、日常業務の中で、頻繁に利用されているものであり、今後さらに利用度が上がることが予想されます。

　まず、現時点でどのような取引が行われているのか、それぞれのデータの保存状態と保存のためのルールの有無を確認し、電子取引によるデータの保存・管理のためのルール作りと社（所）内で情報を共有することが急務です。

　・書類の種類（請求書、領収書など）
　・書類の授受の方法（紙、PDF、電子メール、EDI等）
　・書類の保存方法（紙、PDF等）
　・書類の保存場所（キャビネット、ロッカー、システム内等）
　・書類等のボリューム（一定期間内（例えば1か月又は1年等））

　また、電子取引の取引情報に係る電磁的記録の保存等を行う場合には、

①　真実性

②　可視性

を確保する必要があります（電規2②一イ、二、⑥六、七、4①）。そして、これらの保存要件は、企業規模の大小、法人か個人事業者かを問わず、電子取引を行った場合には、すべての事業者に求められます。

　次に、それぞれの保存要件について確認します。

①　真実性の確保 　　保存されたデータが改ざんされていないことを明らかにする
明らかにするために、次のいずれかの措置を行う 　(イ)　タイムスタンプが付された後の授受 　(ロ)　速やかに（又はその業務の処理に係る通常の期間を経過した後、速やかに）タイムスタンプを付す 　(ハ)　データの訂正削除を行った場合に、その記録が残るシステム又は訂正削除ができないシステムを利用して、授受及び保存を行う 　(ニ)　訂正削除の防止に関する事務処理規程の備付け
②　可視性の確保 　　保存されたデータを検索・表示できるようにする

検索・表示できるようにするために
(イ) PC、プログラム、ディスプレイ、プリンタを備え付ける
(ロ) 関係書類（システムの概要を記載したマニュアル等）を備え付ける
(ハ) 検索機能の確保
　a．取引年月日、取引金額、取引先の3つの項目で検索できること
　b．日付又は金額の範囲により検索できること
　c．2つ以上の任意の記録項目を組み合わせた条件により検索できること

---

　①の真実性の確保に係る措置のうち、中小企業において最も現実的な対応は、(ニ)の規程を作成することです。それぞれの企業の業務実態に合わせて規程を整備することで、新たにシステムを導入するための追加コストも必要なく、現状のシステムで対応が可能だからです。

　また、②の可視性の確保については、マニュアルが速やかに画面や書面に出力できるのであれば、オンラインのマニュアルやヘルプ機能で代用することもできます。また、検索機能の確保については、検索機能に対応した専用ソフトを使用することを選択することもできますが、事業規模等を勘案し検討する必要があります。

　税務調査等において、担当者からの求めに応じてデータの一括ダウンロードができるのであれば、上記②の(ロ)と(ハ)は不要です。

　さらに個人事業者の場合は2年前、法人の場合は、前々事業年度の売上高が、1,000万円以下であれば、検索機能の確保は免除されます。ただし、税務調査の際に、税務職員からのダウンロードの求めに応じることができるようにしている必要があります。

　検索機能について、専用ソフト等システムを利用するかどうかの判断については、書類を扱う担当者が多人数で、運用の徹底が難しい場合には、検索機能に対応した専用ソフトを導入したうえで、事務処理規程を整備するのがベストです。一方で、書類を取り扱う担当者が一人又は少人数で運用が徹底できる場合には、ダウンロードが可能な状態にして、ファイル名で運用するか、又は、索引簿を作成するかを検討することになります。

　いずれの場合にも、「訂正削除の防止に関する事務処理規程」を整備してく必要があります。

（法人の例）

電子取引データの訂正及び削除の防止に関する事務処理規程

第1章　総則

（目的）
第1条　この規程は、電子計算機を使用して作成する国税関係帳簿書類の
　　保存方法の特例に関する法律第7条に定められた電子取引の取引情報に
　　係る電磁的記録の保存義務を履行するため、○○において行った電子取
　　引の取引情報に係る電磁的記録を適正に保存するために必要な事項を定
　　め、これに基づき保存することを目的とする。

（適用範囲）
第2条　この規程は、○○の全ての役員及び従業員（契約社員、パートタ
　　イマー及び派遣社員を含む。以下同じ。）に対して適用する。

（管理責任者）
第3条　この規程の管理責任者は、●●とする。

第2章　電子取引データの取扱い

（電子取引の範囲）
第4条　当社における電子取引の範囲は以下に掲げる取引とする。
　一　EDI取引
　二　電子メールを利用した請求書等の授受
　三　■■（クラウドサービス）を利用した請求書等の授受
　四　・・・・・・
　記載に当たってはその範囲を具体的に記載してください

（取引データの保存）
第5条　取引先から受領した取引関係情報及び取引相手に提供した取引関
　　係情報のうち、第6条に定めるデータについては、保存サーバ内に△△
　　年間保存する。

（対象となるデータ）

第6条　保存する取引関係情報は以下のとおりとする。

　　一　見積依頼情報

　　二　見積回答情報

　　三　確定注文情報

　　四　注文請け情報

　　五　納品情報

　　六　支払情報

　　七　▲▲

（運用体制）

第7条　保存する取引関係情報の管理責任者及び処理責任者は以下のとおりとする。

　　一　管理責任者　　○○部△△課　課長　ＸＸＸＸ

　　二　処理責任者　　○○部△△課　係長　ＸＸＸＸ

（訂正削除の原則禁止）

第8条　保存する取引関係情報の内容について、訂正及び削除をすることは原則禁止とする。

（訂正削除を行う場合）

第9条　業務処理上やむを得ない理由によって保存する取引関係情報を訂正または削除する場合は、処理責任者は「取引情報訂正・削除申請書」に以下の内容を記載の上、管理責任者へ提出すること。

　　一　申請日

　　二　取引伝票番号

　　三　取引件名

　　四　取引先名

　　五　訂正・削除日付

　　六　訂正・削除内容

　　七　訂正・削除理由

　　八　処理担当者名

2　管理責任者は、「取引情報訂正・削除申請書」の提出を受けた場合は、正当な理由があると認める場合のみ承認する。

3　管理責任者は、前項において承認した場合は、処理責任者に対して取引関係情報の訂正及び削除を指示する。

4　処理責任者は、取引関係情報の訂正及び削除を行った場合は、当該取引関係情報に訂正・削除履歴がある旨の情報を付すとともに「取引情報訂正・削除完了報告書」を作成し、当該報告書を管理責任者に提出する。

5　「取引情報訂正・削除申請書」及び「取引情報訂正・削除完了報告書」は、事後に訂正・削除履歴の確認作業が行えるよう整然とした形で、訂正・削除の対象となった取引データの保存期間が満了するまで保存する。

附則

（施行）
第10条　この規程は、令和○年○月○日から施行する。

（個人事業者の例）

電子取引データの訂正及び削除の防止に関する事務処理規程

　この規程は、電子計算機を使用して作成する国税関係帳簿書類の保存方法の特例に関する法律第7条に定められた電子取引の取引情報に係る電磁的記録の保存義務を適正に履行するために必要な事項を定め、これに基づき保存することとする。

（訂正削除の原則禁止）
　保存する取引関係情報の内容について、訂正及び削除をすることは原則禁止とする。

（訂正削除を行う場合）
　業務処理上やむを得ない理由（正当な理由がある場合に限る。）によって保存する取引関係情報を訂正又は削除する場合は、「取引情報訂正・削除申請書」に以下の内容を記載の上、事後に訂正・削除履歴の確認作業が行えるよう整然とした形で、当該取引関係情報の保存期間に合わせて保存することをもって当該取引情報の訂正及び削除を行う。

一　申請日
二　取引伝票番号
三　取引件名
四　取引先名
五　訂正・削除日付

六　訂正・削除内容
七　訂正・削除理由
八　処理担当者名

　この規程は、令和○年○月○日から施行する。

索引簿（サンプル）

連番	日付	金額	取引先	備考
①	20210131	110000	㈱霞商店	請求書
②	20210210	330000	国税工務店㈱	注文書
③	20210228	330000	国税工務店㈱	領収書
④				
⑤				
⑥				
⑦				
⑧				

(2) **事務処理にPCを使わない場合**（電子帳簿保存法一問一答［電子取引関係］　問17・18）

　スマートフォンで授受（メールやインターネット上で表示された領収書等をダウンロード）した電子取引データを保存する場合も、検索機能を確保するとともに、事務処理規程を備え付けておくことが必要となります。

　なお、電子取引データの保存要件には、プリンタの備付けが含まれていますが、税務調査等のあった時点においてプリンタを常設していない場合にあっても、近隣の有料プリンタ等により、税務職員の求めに応じて速やかに出力することができれば、プリンタを備え付けていると取り扱って、差し支えありません。

　また、出力についても、整然とした形式及び明瞭な状態で速やかに出力できるのであれば、画面印刷（いわゆるハードコピー）であっても認められます（電通4-8）。

(3) **クラウドサービスと書類の保存**（電子帳簿保存法一問一答［電子取引関係］　問30）

　クラウドサービスを利用し、取引先からの請求書を受領している場合で、取引先から確認のための電子メールの添付ファイルでも請求書が送られてくるときは、それが同一のものである場合には、いずれか一の電子取引に係る請求書を保存しておけば問題ありません。

(4) **EDI取引のデータ保存**（電子帳簿保存法一問一答［電子取引関係］　問35・37）

　EDI取引で授受した電子取引の取引情報として保存すべきファイル形式に特に指定されたものはなく、授受したデータについて、取引内容が変更されるおそれのないものであれば、エクセル等のファイル形式により保存することも認められます（電通7-1）。

　また、取引先から送られてきたエクセルやワード形式のデータをPDF

ファイルに変換した場合や、パスワードが付与されているデータについてパスワードを解除した状態で保存することも認められます。

(5)　電磁的記録の提示・提出（電子帳簿保存法一問一答［電子取引関係］　問49）

　電磁的記録について、ダウンロードが求められた場合、税務職員が確認可能な状態であれば、ファイル形式や並び順は問われませんが、通常出力できるであろうファイル形式等で提供しなければなりません。

　出力可能なファイル形式でダウンロードが求められたにもかかわらず、検索性等に劣るそれ以外の形式で提出された場合には、そのダウンロードの求めに応じることができるようにしていたことにはなりません（電通4－14）。

(6)　宥恕措置について（電子帳簿保存法一問一答［電子取引関係］　問56－3～5・57）

　令和4年度税制改正において、経過措置として電帳に係る宥恕措置が整備され、令和5年12月31日までに行う電子取引については、本来電磁的記録で保存すべきものを書面に出力して保存し、税務調査等の際に提示・提出することができれば、電帳法に反しないものとされました。

　宥恕措置の内容は、電磁的記録での保存要件への対応が困難な事業者については、その実情に配意し、「引き続きその出力書面等による保存をもって、その電磁的記録の保存に変えることができる」とするものです。

　具体的には、令和4年1月1日から令和5年12月31日までの間の申告所得税及び法人税に係る保存義務者について、次の要件を充たしている場合には、電磁的記録の保存ができるものとするとされています。

①　電子取引に係る取引情報について電磁的記録で保存することができなかったことについて、税務署長が、やむを得ない事情があると認めること

② その保存義務者が税務調査等の際にその電磁的記録の出力書面（整然かつ明瞭な状態で出力されたものに限る）の提示又は提出の求めに応じることができること

事務所内研修・関与先指導のポイント

提示及び提出

　税務調査において、資料の提示や提出が求められる場合がありますが、提示と提出がどのようなものか、確認すると、

提示：当該職員の求めに応じ、遅滞なく当該物件（写しを含む）の内容を当該職員が確認し得るように示すこと

提出：当該職員の求めに応じ、遅滞なく当該職員に当該物件（写しを含む）占有を移転すること

とあります（国税通則法第7章の2（国税の調査）等関係通達1-6）。

　つまり、宥恕措置における電子取引に係る取引情報の電磁的記録に係る提示とは、コンピュータのモニターに映し出し確認できる状態にすること、提出とは、当該電磁的記録を紙出力し調査担当者に手渡すことを指します。

図27　宥恕措置に係る電子取引の取引情報の電磁的記録に係る「提示と提出」

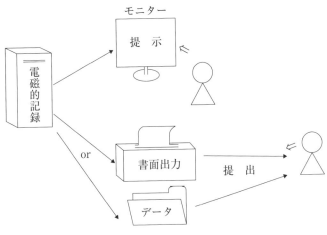

ただし、宥恕措置を適用する際、「やむを得ない事情があると認められる」ことが前提となっていますので、税務調査の場面において、調査担当者から確認等があった場合には、対応状況や今後の見通しについて、概要だけでも説明できるようにしておくことが大切です。

⑺　電子取引とスキャナ保存（電子帳簿保存法一問一答［電子取引関係］　問58）

電子取引の取引情報に係る電磁的記録について、紙出力したものをスキャナ保存することは、原則として認められていませんので注意が必要です。

上記⑴で確認したように、電帳法全体のポリシーである真実性確保の観点から、改ざん防止措置が課されていない出力書面等による保存は、電帳法が求める保存方法とはなりません。

ただし、電帳法に従った電磁的記録の保存が適正に行われている場合で、それとは別に保存義務者が社内業務の便宜上で書面出力を行う場合や、スキャナ保存を行うこと自体を禁止するものではありません。

図28　社内業務の便宜上書面出力をする場合

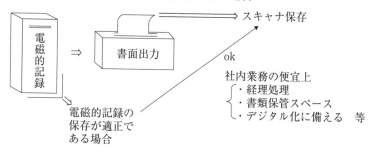

⑻　ダイレクト納付を行った場合の受信通知の取扱い（電子帳簿保存法一問一答［電子取引関係］　問8）

e-Taxでダイレクト納付等の電子納税を行った場合に、納税者のメッ

セージボックスに格納される受信通知（納税区分番号通知、納税完了通知）は、電帳法が規定する電子取引の取引情報に該当しませんので、保存義務はありません。

　ダイレクト納付に係る電子納税については、口座引き落としやATMの操作等を通じて、納税者が日本銀行に直接納付する仕組みであって、税務署は納税者に対して「領収書」に相当する情報の交付をする立場にはありません。

　したがって、その受信通知は、電帳法が規定する電子取引の取引情報に該当しませんので、保存義務はありません。

第**4**章

インボイスと電子帳簿保存への対応

1 紙からデジタルへ

　第1章から第3章までインボイスへの対応及び電帳への対応と留意点について確認してきました。それぞれの制度に対して別々の対応が求められているのではなく、インボイスの対応を基本としておけば、電子帳簿と電子取引への対応は可能であると考えます。

　まず、課税事業者については、自社がインボイスを発行する場合と、仕入れ先等からインボイスを受け取る場合のそれぞれの業務の流れは、概ね次のようになります。

図29　課税事業者におけるインボイスの発行・受取りの業務の流れ

売上げ取引

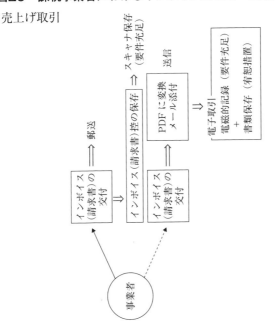

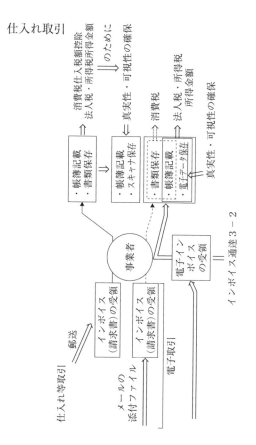

　税理士事務所や関与先では、この図の中の様々なポイントで、コンピュータや複合機、通信機器等のいわゆるICTを活用しています。

　既に業務のデジタル化は実践されているのですが、これまでのデジタル化は、税理士事務所で見ると、経理処理、申告書の作成等書類の作成や計算業務が中心になっていたのではないでしょうか。ICTを利用して作成した資料を紙出力しファイル保存するという流れでした。また、関与先においても、売上げや仕入れ等に係るデータ管理、経理処理等の業務でICTを利用し、資料の保存管理は紙ベースで行うことが一般的であったのではないでしょうか。

　このような私たちの経験に対し、今般のデジタル化は、書類の保存につ
いて、請求書や領収書の紙を中心に保存管理していたものを電子データ（電
磁的記録）による保存管理に転換することを求めています。

　また、保存された電子データは、容易に書き換え可能であることから、
書き換え防止措置を講じること、電子データをコンピュータのモニターで
確認できるようにすることで、その電子データの真実性と可視性を確保し
ようとしているのは、既に確認したとおりです。

　これまでの紙の書類による保存管理から電子データによる保存管理に意
識を切り替えることが、電子帳簿保存を円滑に進める上でも大事なポイン
トとなります。

図30　紙の書類による保存管理から電子データによる保存管理へ

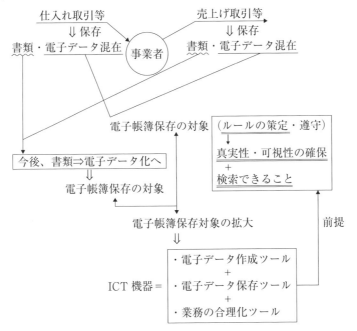

2　電子インボイスへの対応

　インボイス制度が令和５年10月１日からスタートするのと同時に電子インボイスもスタートします。

　電子インボイスについては、現在海外でも広く導入されているPeppol（ペポル）を我が国でも導入するための準備が進められています。

　Peppolの概要は、次に示すとおりです。ここで注目しておきたいのは、取引の当事者間で直接電子インボイスの受発給が行われるのではなく、まず、送り手から受け手にアクセスポイントを経由して電子インボイスの授受が行われる仕組みとなっています。

　他方で、国税庁は、電子インボイスの授受の方法について、次のような当事者間の直接の授受についても、インボイスの記載要件を満たせば、電子インボイス該当するとしています（インボイス通達３－２）。

　⑴　いわゆるEDI取引を通じた提供

　⑵　電子メールによる提供

　⑶　インターネット上のサイトを通じた提供

　電子インボイスに係るデータの保存については、既に確認をした電子取引の取扱いと同様のもので、対応可能と考えられます。

┌─ **Peppolの概要** ─────────────────────

　事業者のバックオフィス業務においては、「紙」と「デジタル」が交錯し、エンド・トゥ・エンドでデジタルに対応できていないことが、リモートワークなど自由な働き方や効率化・生産性向上を阻害しているという実態があります。

　そこで、デジタル庁は、官民連携のもと、グローバルな標準仕様である「Peppol（ペポル）」をベースとしたわが国における「電子インボイス」（デジタルインボイス）の標準仕様の普及・定着の取組を行い、事業者のバックオフィス業務のデジタル完結の実現を目指しています。

（注）1　「Peppol（Pan European Public Procurement Online）」とは、電子文書をネットワーク上でやり取りするための「文書仕様」「ネットワーク」「運用ルール」に関するグローバルな標準仕様です。国際的な非営利組織である「OpenPeppol」という団体により管理されています。

　　　2　デジタル庁は、2021年9月、「OpenPeppol」の正式メンバーとなり、わが国の管理局（Peppol Authority）としての活動を開始しています。

　JP PINT は、Peppolネットワークでやり取りされるデジタルインボイスの日本の標準仕様です。なお、これはあくまでもPeppolネットワークでやり取りするためのデジタルインボイスの標準仕様であって、全ての電子インボイスをこの標準仕様とする必要はありません。また、電子インボイスの提供自体は義務ではありません。

（※）　消費税の適格請求書等保存方式において、適格請求書発行事業者は課税事業者からの求めに応じ適格請求書を交付する必要（適格請求書の交付義務）があるが、交付される適格請求書が電子インボイスである必要はありません。

　Peppolネットワークでデジタルインボイスをやり取りするとは、厳密には、売り手のアクセスポイント（C2）と買い手のアクセスポイント（C3）の間で、標準仕様にそったインボイスデータセットをやり取りすることを言います。

　なお、Peppolの仕組みは、いわゆる「4コーナー」モデルが採用されています。ユーザー（売り手）（C1）は、自らのアクセスポイント（C2）を通じ、Peppolネットワークに接続し、買い手のアクセスポイント（C3）にインボイスデータセットを送信し、それが買い手（C4）に届く仕組みとなっています。

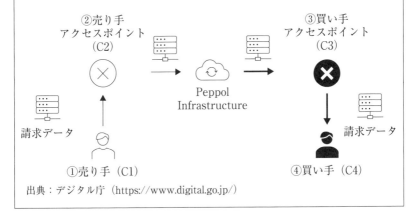

出典：デジタル庁（https://www.digital.go.jp/）

参考資料

消費税法（令和5年10月1日以後適用）（抜粋）

（仕入れに係る消費税額の控除）
第30条　事業者（第9条第1項本文の規定により消費税を納める義務が免除される事業者を除く。）が、国内において行う課税仕入れ（特定課税仕入れに該当するものを除く。以下この条及び第32条から第36条までにおいて同じ。）若しくは特定課税仕入れ又は保税地域から引き取る課税貨物については、次の各号に掲げる場合の区分に応じ当該各号に定める日の属する課税期間の第45条第1項第2号に掲げる消費税額（以下この章において「課税標準額に対する消費税額」という。）から、当該課税期間中に国内において行つた課税仕入れに係る消費税額（当該課税仕入れに係る適格請求書（第57条の4第1項に規定する適格請求書をいう。第9項において同じ。）又は適格簡易請求書（第57条の4第2項に規定する適格簡易請求書をいう。第9項において同じ。）の記載事項を基礎として計算した金額その他の政令で定めるところにより計算した金額をいう。以下この章において同じ。）、当該課税期間中に国内において行つた特定課税仕入れに係る消費税額（当該特定課税仕入れに係る支払対価の額に100分の7.8を乗じて算出した金額をいう。以下この章において同じ。）及び当該課税期間における保税地域からの引取りに係る課税貨物（他の法律又は条約の規定により消費税が免除されるものを除く。以下この章において同じ。）につき課された又は課されるべき消費税額（附帯税の額に相当する額を除く。次項において同じ。）の合計額を控除する。
　一～四　省略
2～5　省略
6　第1項に規定する特定課税仕入れに係る支払対価の額とは、特定課税仕入れの対価の額（対価として支払い、又は支払うべき一切の金銭又は金銭以外の物若しくは権利その他経済的な利益の額をいう。）をいい、同項に規定する保税地域からの引取りに係る課税貨物とは、保税地域から引き取つた一般申告課税貨物又は特例申告書の提出若しくは特例申告に関する決定に係る課税貨物をいい、第2項に規定する課税期間における課税売上高とは、当該事業者が当該課税期間中に国内において行つた課税資産の譲渡等の対価の額（第28条第1項に規定する対価の額をいう。以下この項において同じ。）の合計額から当該課税期間における売上げに係る税抜対価の返還等の金額（当該課税期間中に行つた第38条第1項に規定する売上げに係る対価の返還等の金額から同項に規定する売上げに係る対価の返還等の金額に係る消費税額に78分の100を乗じて算出した金額を控除した金額をいう。）の合計額を控除した残額（当該課税期間が1年に満たない場合には、当該残額を当該課税期間の月数（当該月数は、暦に従つて計算し、1月に満たない端数を生じたときは、これを1月とする。）で除し、これに12を乗じて計算した金額）をいい、第2項に規定する課税売上割合とは、当該事業者が当該課税期間中に国内において行つた資産の譲渡等（特定資産の譲渡等に該当するものを除く。）の対価の額の合計額のうちに当該事業者が当該課税期間中に国内において行つた課税資産の譲渡等の対価の額の合計額の占める割合として政令で定めるところにより計算した割合をいう。

7　第1項の規定は、事業者が当該課税期間の課税仕入れ等の税額の控除に係る帳簿及び請求書等（請求書等の交付を受けることが困難である場合、特定課税仕入れに係るものである場合その他の政令で定める場合における当該課税仕入れ等の税額については、帳簿）を保存しない場合には、当該保存がない課税仕入れ、特定課税仕入れ又は課税貨物に係る課税仕入れ等の税額については、適用しない。ただし、災害その他やむを得ない事情により、当該保存をすることができなかつたことを当該事業者において証明した場合は、この限りでない。

8　前項に規定する帳簿とは、次に掲げる帳簿をいう。

　一　課税仕入れ等の税額が課税仕入れに係るものである場合には、次に掲げる事項が記載されているもの

　　イ・ロ　省略

　　ハ　課税仕入れに係る資産又は役務の内容（当該課税仕入れが他の者から受けた軽減対象課税資産の譲渡等に係るものである場合には、資産の内容及び軽減対象課税資産の譲渡等に係るものである旨）

　　ニ　課税仕入れに係る支払対価の額（当該課税仕入れの対価として支払い、又は支払うべき一切の金銭又は金銭以外の物若しくは権利その他経済的な利益の額とし、当該課税仕入れに係る資産を譲り渡し、若しくは貸し付け、又は当該課税仕入れに係る役務を提供する事業者に課されるべき消費税額及び当該消費税額を課税標準として課されるべき地方消費税額（これらの税額に係る附帯税の額に相当する額を除く。）に相当する額がある場合には、当該相当する額を含む。第32条第1項において同じ。）

　二　省略

　三　課税仕入れ等の税額が第1項に規定する保税地域からの引取りに係る課税貨物に係るものである場合には、次に掲げる事項が記載されているもの

　　イ・ロ　省略

　　ハ　課税貨物の引取りに係る消費税額及び地方消費税額（これらの税額に係る附帯税の額に相当する額を除く。次項第5号において同じ。）又はその合計額

9　第7項に規定する請求書等とは、次に掲げる書類及び電磁的記録（電子計算機を使用して作成する国税関係帳簿書類の保存方法等の特例に関する法律第2条第3号（定義）に規定する電磁的記録をいう。第2号において同じ。）をいう。

　一　事業者に対し課税資産の譲渡等（第7条第1項、第8条第1項その他の法律又は条約の規定により消費税が免除されるものを除く。次号及び第3号において同じ。）を行う他の事業者（適格請求書発行事業者に限る。次号及び第3号において同じ。）が、当該課税資産の譲渡等につき当該事業者に交付する適格請求書又は適格簡易請求書

　二　事業者に対し課税資産の譲渡等を行う他の事業者が、第57条の4第5項の規定により当該課税資産の譲渡等につき当該事業者に交付すべき適格請求書又は適格簡易請求書に代えて提供する電磁的記録

　三　事業者がその行つた課税仕入れ（他の者が行う課税資産の譲渡等に該当するものに限るものとし、当該課税資産の譲渡等のうち、第57条の4第1項ただし書又は第57条の6第1項本文の規定の適用を受けるものを除く。）につき作成する仕入明細書、仕入計算書その他これらに類する書類で課税仕入れ

　の相手方の氏名又は名称その他の政令で定める事項が記載されているもの（当該書類に記載されている事項につき、当該課税仕入れの相手方の確認を受けたものに限る。）

　四　事業者がその行つた課税仕入れ（卸売市場においてせり売又は入札の方法により行われるものその他の媒介又は取次ぎに係る業務を行う者を介して行われる課税仕入れとして政令で定めるものに限る。）につき当該媒介又は取次ぎに係る業務を行う者から交付を受ける請求書、納品書その他これらに類する書類で政令で定める事項が記載されているもの

　五　省略

10　第１項の規定は、事業者が国内において行う別表第二第13号に掲げる住宅の貸付けの用に供しないことが明らかな建物（その附属設備を含む。以下この項において同じ。）以外の建物（第12条の４第１項に規定する高額特定資産又は同条第２項に規定する調整対象自己建設高額資産に該当するものに限る。第35条の２において「居住用賃貸建物」という。）に係る課税仕入れ等の税額については、適用しない。

11～13　省略

（適格請求書発行事業者の義務【新設】）

第57条の４　適格請求書発行事業者は、国内において課税資産の譲渡等（第７条第１項、第８条第１項その他の法律又は条約の規定により消費税が免除されるものを除く。以下この条において同じ。）を行つた場合（第４条第５項の規定により資産の譲渡とみなされる場合、第17条第１項又は第２項本文の規定により資産の譲渡等を行つたものとされる場合その他政令で定める場合を除く。）において、当該課税資産の譲渡等を受ける他の事業者（第９条第１項本文の規定により消費税を納める義務が免除される事業者を除く。以下この条において同じ。）から次に掲げる事項を記載した請求書、納品書その他これらに類する書類（以下この条から第57条の６までにおいて「適格請求書」という。）の交付を求められたときは、当該課税資産の譲渡等に係る適格請求書を当該他の事業者に交付しなければならない。ただし、当該適格請求書発行事業者が行う事業の性質上、適格請求書を交付することが困難な課税資産の譲渡等として政令で定めるものを行う場合は、この限りでない。

　一　適格請求書発行事業者の氏名又は名称及び登録番号（第57条の２第４項の登録番号をいう。次項第１号及び第３項第１号において同じ。）

　二　課税資産の譲渡等を行つた年月日（課税期間の範囲内で一定の期間内に行つた課税資産の譲渡等につきまとめて当該書類を作成する場合には、当該一定の期間）

　三　課税資産の譲渡等に係る資産又は役務の内容（当該課税資産の譲渡等が軽減対象課税資産の譲渡等である場合には、資産の内容及び軽減対象課税資産の譲渡等である旨）

　四　課税資産の譲渡等に係る税抜価額（対価として収受し、又は収受すべき一切の金銭又は金銭以外の物若しくは権利その他経済的な利益の額とし、課税資産の譲渡等につき課されるべき消費税額及び当該消費税額を課税標準として課されるべき地方消費税額に相当する額を含まないものとする。次項第４

号及び第3項第4号において同じ。）又は税込価額（対価として収受し、又は収受すべき一切の金銭又は金銭以外の物若しくは権利その他経済的な利益の額とし、課税資産の譲渡等につき課されるべき消費税額及び当該消費税額を課税標準として課されるべき地方消費税額に相当する額を含むものとする。次項第4号及び第3項第4号において同じ。）を税率の異なるごとに区分して合計した金額及び適用税率（第29条第1号又は第2号に規定する税率に78分の100を乗じて得た率をいう。次項第5号及び第3項第5号において同じ。）

五　消費税額等（課税資産の譲渡等につき課されるべき消費税額及び当該消費税額を課税標準として課されるべき地方消費税額に相当する額の合計額として前号に掲げる税率の異なるごとに区分して合計した金額ごとに政令で定める方法により計算した金額をいう。）

六　書類の交付を受ける事業者の氏名又は名称

2　前項本文の規定の適用を受ける場合において、同項の適格請求書発行事業者が国内において行つた課税資産の譲渡等が小売業その他の政令で定める事業に係るものであるときは、適格請求書に代えて、次に掲げる事項を記載した請求書、納品書その他これらに類する書類（以下この条から第57条の6までにおいて「適格簡易請求書」という。）を交付することができる。

一　適格請求書発行事業者の氏名又は名称及び登録番号

二　課税資産の譲渡等を行つた年月日

三　課税資産の譲渡等に係る資産又は役務の内容（当該課税資産の譲渡等が軽減対象課税資産の譲渡等である場合には、資産の内容及び軽減対象課税資産の譲渡等である旨）

四　課税資産の譲渡等に係る税抜価額又は税込価額を税率の異なるごとに区分して合計した金額

五　消費税額等（前項第5号の規定に準じて計算した金額をいう。）又は適用税率

3　売上げに係る対価の返還等（第38条第1項に規定する売上げに係る対価の返還等をいう。以下この項において同じ。）を行う適格請求書発行事業者は、当該売上げに係る対価の返還等を受ける他の事業者に対して、次に掲げる事項を記載した請求書、納品書その他これらに類する書類（以下この条において「適格返還請求書」という。）を交付しなければならない。ただし、当該適格請求書発行事業者が行う事業の性質上、当該売上げに係る対価の返還等に際し適格返還請求書を交付することが困難な課税資産の譲渡等として政令で定めるものを行う場合は、この限りでない。

一　適格請求書発行事業者の氏名又は名称及び登録番号

二　売上げに係る対価の返還等を行う年月日及び当該売上げに係る対価の返還等に係る課税資産の譲渡等を行つた年月日

三　売上げに係る対価の返還等に係る課税資産の譲渡等に係る資産又は役務の内容（当該売上げに係る対価の返還等に係る課税資産の譲渡等が軽減対象課税資産の譲渡等である場合には、資産の内容及び軽減対象課税資産の譲渡等である旨）

四　売上げに係る対価の返還等に係る税抜価額又は税込価額を税率の異なるご

　　とに区分して合計した金額
　五　売上げに係る対価の返還等の金額に係る消費税額等（第１項第５号の規定
　　に準じて計算した金額をいう。）又は適用税率
4　適格請求書、適格簡易請求書又は適格返還請求書を交付した適格請求書発行
　事業者は、これらの書類の記載事項に誤りがあつた場合には、これらの書類を
　交付した他の事業者に対して、修正した適格請求書、適格簡易請求書又は適格
　返還請求書を交付しなければならない。
5　適格請求書発行事業者は、適格請求書、適格簡易請求書又は適格返還請求書
　の交付に代えて、これらの書類に記載すべき事項に係る電磁的記録（電子計算
　機を使用して作成する国税関係帳簿書類の保存方法等の特例に関する法律第２
　条第３号（定義）に規定する電磁的記録をいう。以下この条から第57条の６ま
　でにおいて同じ。）を提供することができる。この場合において、当該電磁的
　記録として提供した事項に誤りがあつた場合には、前項の規定を準用する。
6　適格請求書、適格簡易請求書若しくは適格返還請求書を交付し、又はこれら
　の書類に記載すべき事項に係る電磁的記録を提供した適格請求書発行事業者
　は、政令で定めるところにより、これらの書類の写し又は当該電磁的記録を保
　存しなければならない。この場合において、当該電磁的記録の保存については、
　財務省令で定める方法によるものとする。
7　適格請求書、適格簡易請求書及び適格返還請求書の記載事項その他前各項の
　規定の適用に関し必要な事項は、政令で定める。

消費税法施行令（令和5年10月1日以後適用）（抜粋）

（課税仕入れに係る消費税額の計算）
第46条　法第30条第1項に規定する政令で定めるところにより計算した金額は、次の各号に掲げる課税仕入れ（特定課税仕入れに該当するものを除く。以下この章において同じ。）の区分に応じ当該各号に定める金額の合計額に100分の78を乗じて算出した金額とする。

一　適格請求書（法第57条の4第1項に規定する適格請求書をいう。以下同じ。）の交付を受けた課税仕入れ　当該適格請求書に記載されている同項第5号に掲げる消費税額等のうち当該課税仕入れに係る部分の金額

二　適格簡易請求書（法第57条の4第2項に規定する適格簡易請求書をいう。以下同じ。）の交付を受けた課税仕入れ　当該適格簡易請求書に記載されている同項第5号に掲げる消費税額等（当該適格簡易請求書に当該消費税額等の記載がないときは、当該消費税額等として第70条の10に規定する方法に準じて算出した金額）のうち当該課税仕入れに係る部分の金額

三　法第30条第9項第2号に掲げる電磁的記録（同項に規定する電磁的記録をいう。以下この項、第49条及び第50条において同じ。）の提供を受けた課税仕入れ　当該電磁的記録に記録されている法第57条の4第1項第5号又は第2項第5号に掲げる消費税額等のうち当該課税仕入れに係る部分の金額

四　法第30条第9項第3号に掲げる書類又は当該書類に記載すべき事項に係る電磁的記録を作成した課税仕入れ　当該書類に記載され、又は当該電磁的記録に記録されている第49条第4項第6号に掲げる消費税額等のうち当該課税仕入れに係る部分の金額

五　法第30条第9項第4号に掲げる書類の交付又は当該書類に記載すべき事項に係る電磁的記録の提供を受けた課税仕入れ　当該書類に記載され、又は当該電磁的記録に記録されている第49条第6項第5号に掲げる消費税額等のうち当該課税仕入れに係る部分の金額

六　第49条第1項第1号イからニまでに掲げる課税仕入れ　課税仕入れに係る支払対価の額（法第30条第8項第1号ニに規定する課税仕入れに係る支払対価の額をいう。以下この章において同じ。）に110分の10（当該課税仕入れが他の者から受けた軽減対象課税資産の譲渡等に係るものである場合には、108分の8）を乗じて算出した金額（当該金額に1円未満の端数が生じたときは、当該端数を切り捨て、又は四捨五入した後の金額）

2　事業者が、その課税期間に係る前項各号に掲げる課税仕入れについて、その課税仕入れの都度、課税仕入れに係る支払対価の額に110分の10（当該課税仕入れが他の者から受けた軽減対象課税資産の譲渡等に係るものである場合には、108分の8）を乗じて算出した金額（当該金額に1円未満の端数が生じたときは、当該端数を切り捨て、又は四捨五入した後の金額）を法第30条第7項に規定する帳簿に記載している場合には、前項の規定にかかわらず、当該金額を合計した金額に100分の78を乗じて算出した金額を、同条第1項に規定する課税仕入れに係る消費税額とすることができる。

3　その課税期間に係る法第45条第1項第2号に掲げる税率の異なるごとに区分

した課税標準額に対する消費税額の計算につき、同条第5項の規定の適用を受けない事業者は、第1項の規定にかかわらず、前項の規定の適用を受ける場合を除き、当該課税期間中に国内において行つた課税仕入れのうち第1項各号に掲げるものに係る課税仕入れに係る支払対価の額を税率の異なるごとに区分して合計した金額に、課税資産の譲渡等（特定資産の譲渡等及び軽減対象課税資産の譲渡等に該当するものを除く。）に係る部分については110分の7.8を、軽減対象課税資産の譲渡等に係る部分については108分の6.24をそれぞれ乗じて算出した金額の合計額を、法第30条第1項に規定する課税仕入れに係る消費税額とすることができる。

（課税仕入れ等の税額の控除に係る帳簿等の記載事項等）
第49条　法第30条第7項に規定する政令で定める場合は、次に掲げる場合とする。
一　課税仕入れが次に掲げる課税仕入れに該当する場合（法第30条第7項に規定する帳簿に次に掲げる課税仕入れのいずれかに該当する旨及び当該課税仕入れの相手方の住所又は所在地（国税庁長官が指定する者に係るものを除く。）を記載している場合に限る。）
　イ　他の者から受けた第70条の9第2項第1号に掲げる課税資産の譲渡等に係る課税仕入れ
　ロ　入場券その他の課税仕入れに係る書類のうち法第57条の4第2項各号（第2号を除く。）に掲げる事項が記載されているものが、当該課税仕入れに係る課税資産の譲渡等を受けた際に当該課税資産の譲渡等を行う適格請求書発行事業者により回収された課税仕入れ（イに掲げる課税仕入れを除く。）
　ハ　課税仕入れに係る資産が次に掲げる資産のいずれかに該当する場合における当該課税仕入れ（当該資産が棚卸資産（消耗品を除く。）に該当する場合に限る。）
　(1)　古物営業法（昭和24年法律第108号）第2条第2項（定義）に規定する古物営業を営む同条第3項に規定する古物商である事業者が、他の者（適格請求書発行事業者を除く。ハにおいて同じ。）から買い受けた同条第1項に規定する古物（これに準ずるものとして財務省令で定めるものを含む。）
　(2)　質屋営業法（昭和25年法律第158号）第1条第1項（定義）に規定する質屋営業を営む同条第2項に規定する質屋である事業者が、同法第18条第1項（流質物の取得及び処分）の規定により他の者から所有権を取得した質物
　(3)　宅地建物取引業法（昭和27年法律第176号）第2条第2号（用語の定義）に規定する宅地建物取引業を営む同条第3号に規定する宅地建物取引業者である事業者が、他の者から買い受けた同条第2号に規定する建物
　(4)　再生資源卸売業その他不特定かつ多数の者から再生資源等（資源の有効な利用の促進に関する法律（平成3年法律第48号）第2条第4項（定義）に規定する再生資源及び同条第5項に規定する再生部品をいう。）に係る課税仕入れを行う事業を営む事業者が、他の者から買い受けた当該再

生資源等
　　　二　イからハまでに掲げるもののほか、請求書等（法第30条第7項に規定する請求書等をいう。）の交付又は提供を受けることが困難な課税仕入れとして財務省令で定めるもの
　　二　特定課税仕入れに係るものである場合
2　前項第1号に規定する国税庁長官が指定する者から受ける課税資産の譲渡等に係る課税仕入れ（同号に掲げる場合に該当するものに限る。）のうち、不特定かつ多数の者から課税仕入れを行う事業に係る課税仕入れについては、法第30条第8項第1号の規定により同条第7項の帳簿に記載することとされている事項のうち同号イに掲げる事項は、同号の規定にかかわらず、その記載を省略することができる。
3　他の者から受けた課税資産の譲渡等のうち第70条の9第2項第2号に掲げる課税資産の譲渡等又は第70条の12第1項若しくは第5項の規定の適用を受けた課税資産の譲渡等に係る課税仕入れについては、法第30条第8項第1号の規定により同条第7項の帳簿に記載することとされている事項のうち同号イに掲げる事項は、同号の規定にかかわらず、当該事項に代えて第70条の9第2項第2号若しくは第70条の12第1項に規定する媒介者若しくは取次ぎに係る業務を行う者の氏名若しくは名称又は同条第5項に規定する執行機関の名称とすることができる。
4　法第30条第9項第3号に規定する政令で定める事項は、次に掲げる事項とする。
　　一　書類の作成者の氏名又は名称
　　二　課税仕入れの相手方の氏名又は名称及び登録番号（法第57条の2第4項の登録番号をいう。第6項第1号において同じ。）
　　三　課税仕入れを行つた年月日（課税期間の範囲内で一定の期間内に行つた課税仕入れにつきまとめて当該書類を作成する場合には、当該一定の期間）
　　四　課税仕入れに係る資産又は役務の内容（当該課税仕入れが他の者から受けた軽減対象課税資産の譲渡等に係るものである場合には、資産の内容及び軽減対象課税資産の譲渡等に係るものである旨）
　　五　税率の異なるごとに区分して合計した課税仕入れに係る支払対価の額及び適用税率（法第57条の4第1項第4号に規定する適用税率をいう。第6項第4号において同じ。）
　　六　消費税額等（課税仕入れに係る支払対価の額に110分の10（当該課税仕入れが他の者から受けた軽減対象課税資産の譲渡等に係るものである場合には、108分の8）を乗じて算出した金額をいい、当該金額に1円未満の端数が生じたときは、当該端数を処理した後の金額とする。）
5　法第30条第9項第4号に規定する政令で定める課税仕入れは、他の者から受けた第70条の9第2項第2号に掲げる課税資産の譲渡等に係る課税仕入れとする。
6　法第30条第9項第4号に規定する政令で定める事項は、次に掲げる事項とする。
　　一　書類の作成者の氏名又は名称及び登録番号
　　二　課税資産の譲渡等を行つた年月日（課税期間の範囲内で一定の期間内に行

つた課税資産の譲渡等につきまとめて当該書類を作成する場合には、当該一定の期間）

三　課税資産の譲渡等に係る資産の内容（当該課税資産の譲渡等が軽減対象課税資産の譲渡等である場合には、資産の内容及び軽減対象課税資産の譲渡等である旨）

四　課税資産の譲渡等に係る税抜価額（法第57条の4第1項第4号に規定する税抜価額をいう。）又は税込価額（同号に規定する税込価額をいう。）を税率の異なるごとに区分して合計した金額及び適用税率

五　消費税額等（法第57条の4第1項第5号の規定に準じて計算した金額をいう。）

六　書類の交付を受ける事業者の氏名又は名称

7　法第30条第9項第3号及び第4号に掲げる書類には、これらの書類に記載すべき事項に係る電磁的記録を含むものとする。

8　法第30条第9項第5号に規定する政令で定める書類は、次に掲げる書類とする。

一～九　省略

9・10　省略

消費税の仕入税額控除制度における適格請求書等保存方式
に関する取扱通達（法令解釈通達）〔インボイス通達〕（抜粋）

第三　適格請求書発行事業者の義務等関係
（適格請求書の意義）

3−1　適格請求書とは、法第57条の4第1項各号《適格請求書発行事業者の義務》に掲げる事項を記載した請求書、納品書その他これらに類する書類をいうのであるが、同項各号に掲げる事項の記載があれば、その書類の名称は問わない。

　また、適格請求書の交付に関して、一の書類により同項各号に掲げる事項を全て記載するのではなく、例えば、納品書と請求書等の二以上の書類であっても、これらの書類について相互の関連が明確であり、その交付を受ける事業者が同項各号に掲げる事項を正確に認識できる場合には、これら複数の書類全体で適格請求書の記載事項を満たすものとなることに留意する。

（適格請求書の記載事項に係る電磁的記録の提供）

3−2　適格請求書発行事業者が、法第57条の4第5項の規定により、適格請求書、適格簡易請求書又は適格返還請求書の交付に代えて行う、これらの書類に記載すべき事項に係る電磁的記録（電子計算機を使用して作成する国税関係帳簿書類の保存方法等の特例に関する法律第2条第3号《定義》に規定する「電磁的記録」をいう。以下同じ。）の提供には、光ディスク、磁気テープ等の記録用の媒体による提供のほか、例えば、次に掲げるようなものが該当する。

(1)　いわゆるEDI取引を通じた提供
(2)　電子メールによる提供
(3)　インターネット上のサイトを通じた提供

　また、適格請求書に係る記載事項につき、例えば、納品書データと請求書データなど複数の電磁的記録の提供による場合又は納品書と請求書データなど書面の交付と電磁的記録の提供による場合のいずれにおいても、本通達3−1後段に準じて取り扱うこととなる。

（適格請求書等の記載事項の特例）

3−3　法第57条の4第1項及び第2項《適格請求書発行事業者の義務》に規定する記載事項のうち、次に掲げる事項は、取引先コード、商品コード等の記号、番号等による表示で差し支えない。

　ただし、表示される記号、番号等により、当該記載事項である「課税資産の譲渡等に係る資産又は役務の内容」について、当該資産の譲渡等が課税資産の譲渡等かどうか、また、当該資産の譲渡等が課税資産の譲渡等である場合においては、軽減対象課税資産の譲渡等かどうかの判別が明らかとなるものであって、適格請求書発行事業者とその取引の相手方との間で、表示される記号、番号等の内容が明らかであるものに限るものとする。

(1)　法第57条の4第1項第1号《適格請求書発行事業者の義務》に規定する「適格請求書発行事業者の氏名又は名称及び登録番号」、同項第3号に規定する「課税資産の譲渡等に係る資産又は役務の内容」及び同項第6号に規定する

「書類の交付を受ける事業者の氏名又は名称」

(2)　法第57条の４第２項第１号《適格請求書発行事業者の義務》に規定する「適格請求書発行事業者の氏名又は名称及び登録番号」及び同項第３号に規定する「課税資産の譲渡等に係る資産又は役務の内容」

(注)　適格請求書発行事業者の氏名又は名称及び登録番号につき、取引先コード等の記号、番号等で表示する場合においては、当該記号、番号等により、登録の効力の発生時期等の履歴が明らかとなる措置を講じておく必要がある。

（家事共用資産を譲渡した場合の適格請求書に記載すべき課税資産の譲渡等の対価の額等）

３－４　個人事業者である適格請求書発行事業者が、事業と家事の用途に共通して使用するものとして取得した資産を譲渡する場合には、その譲渡に係る金額を事業としての部分と家事使用に係る部分とに合理的に区分するものとし、適格請求書に記載する法第57条の４第１項第４号《適格請求書発行事業者の義務》に掲げる「課税資産の譲渡等に係る税抜価額又は税込価額を税率の異なるごとに区分して合計した金額」及び同項第５号に掲げる「消費税額等」は、当該事業としての部分に係る金額に基づき算出することとなることに留意する。

（共有物の譲渡等における適格請求書に記載すべき課税資産の譲渡等の対価の額等）

３－５　適格請求書発行事業者が、適格請求書発行事業者以外の者である他の者と共同で所有する資産（以下「共有物」という。）の譲渡又は貸付けを行う場合には、当該共有物に係る資産の譲渡等の金額を所有者ごとに合理的に区分するものとし、適格請求書に記載する法第57条の４第１項第４号《適格請求書発行事業者の義務》に掲げる「課税資産の譲渡等に係る税抜価額又は税込価額を税率の異なるごとに区分して合計した金額」及び同項第５号に掲げる「消費税額等」は、自己の部分に係る資産の譲渡等の金額に基づき算出することとなることに留意する。

（適格請求書発行事業者でなくなった場合の適格請求書の交付）

３－６　適格請求書発行事業者が適格請求書発行事業者でなくなった後、適格請求書発行事業者であった課税期間において行った課税資産の譲渡等を受ける他の事業者（法第57条の４第１項《適格請求書発行事業者の義務》に規定する「他の事業者」をいう。）から当該課税資産の譲渡等に係る適格請求書の交付を求められたときは、当該他の事業者にこれを交付しなければならないことに留意する。

（媒介者等に対する通知の方法）

３－７　適格請求書発行事業者が、媒介者等（令第70条の12第１項《媒介者等による適格請求書等の交付の特例》に規定する「媒介者等」をいう。以下同じ。）を介して国内において課税資産の譲渡等を行う場合において、同項の規定の適用を受けるには、当該媒介者等が当該課税資産の譲渡等の時までに当該事業者

から適格請求書発行事業者の登録を受けている旨の通知を受けていることが要件となるが、当該通知の方法については、例えば、当該事業者が個々の取引の都度、事前に登録番号を当該媒介者等へ書面等により通知する方法のほか、当該事業者と当該媒介者等との間の基本契約書等に当該事業者の登録番号を記載するといった方法がある。

(媒介者等が交付する適格請求書等の写しの内容)

3－8　媒介者等が令第70条の12第1項《媒介者等による適格請求書等の交付の特例》の規定により事業者に代わって適格請求書等（同項に規定する「適格請求書等」をいう。以下同じ。）を交付し、又は適格請求書等に記載すべき事項に係る電磁的記録を提供した場合には、当該適格請求書等の写し又は当該電磁的記録を当該事業者に対して交付し、又は提供しなければならないが、例えば、当該適格請求書等に複数の事業者に係る記載があるなどにより当該適格請求書等の写しをそのまま交付することが困難な場合には、当該適格請求書等に記載された事項のうち当該事業者に係る事項を記載した精算書等を交付することで差し支えないものとする。

　なお、この場合には、当該媒介者等においても交付した当該精算書等の写しを保存するものとする。

(3万円未満のものの判定単位)

3－9　令第70条の9第2項第1号《適格請求書の交付を免除する課税資産の譲渡等の範囲等》及び規則第26条の6第1号《適格請求書等の交付が著しく困難な課税資産の譲渡等》に規定する「税込価額が3万円未満のもの」に該当するかどうかは、一回の取引の課税資産の譲渡等に係る税込価額（法第57条の4第1項第4号《適格請求書発行事業者の義務》に規定する「税込価額」をいう。）が3万円未満であるかどうかで判定するのであるから、課税資産の譲渡等に係る一の商品（役務）ごとの税込価額によるものではないことに留意する。

(公共交通機関特例の対象となる運賃及び料金の範囲)

3－10　令第70条の9第2項第1号イからニまで《適格請求書の交付を免除する課税資産の譲渡等の範囲等》に掲げる旅客の運送には、旅客の運送に直接的に附帯するものとして収受する特別急行料金、急行料金、寝台料金等を対価とする役務の提供は含まれるが、旅客の運送に直接的に附帯するものではない入場料金、手回品料金、貨物留置料金等を対価とする役務の提供は、含まれないことに留意する。

(自動販売機及び自動サービス機により行われる課税資産の譲渡等の範囲)

3－11　規則第26条の6第1号に規定する「自動販売機又は自動サービス機」とは、商品の販売又は役務の提供（課税資産の譲渡等に該当するものに限る。以下「商品の販売等」という。）及び代金の収受が自動で行われる機械装置であって、当該機械装置のみにより商品の販売等が完結するものをいい、例えば、飲食料品の自動販売機のほか、コインロッカーやコインランドリー等がこれに該当する。

（注） 小売店内に設置されたセルフレジなどのように単に代金の精算のみを行うものは、これに該当しないことに留意する。

（適格請求書に記載する消費税額等の計算に係る端数処理の単位）

3−12 適格請求書発行事業者が適格請求書に記載する消費税額等（法第57条の４第１項第５号《適格請求書発行事業者の義務》に掲げる「消費税額等」をいう。）は、令第70条の10《適格請求書に記載すべき消費税額等の計算》に規定する方法により、課税資産の譲渡等に係る税抜価額（法第57条の４第１項第４号に規定する「税抜価額」をいう。）又は税込価額（同号に規定する「税込価額」をいう。）を税率の異なるごとに区分して合計した金額を基礎として算出し、算出した消費税額等の１円未満の端数を処理することとなるのであるから、当該消費税額等の１円未満の端数処理は、一の適格請求書につき、税率の異なるごとにそれぞれ１回となることに留意する。

（注） 複数の商品の販売につき、一の適格請求書を交付する場合において、一の商品ごとに端数処理をした上でこれを合計して消費税額等として記載することはできない。

（課税標準額に対する消費税額の計算）

3−13 その課税期間に係る法第45条第１項第２号《課税資産の譲渡等及び特定課税仕入れについての確定申告》に掲げる税率の異なるごとに区分した課税標準額に対する消費税額は、原則として、同項第１号に掲げる課税標準額につき、税率の異なるごとに標準税率又は軽減税率を乗じて算出した金額を合計する方法（以下３−13において「総額割戻し方式」という。）により算出した金額となるのであるが、その課税期間中に国内において行った課税資産の譲渡等（同条第５項ただし書の規定に係るものを除く。）につき交付した適格請求書又は適格簡易請求書の写しを法第57条の４第６項《適格請求書発行事業者の義務》の規定により保存している場合（同項の規定により同項に規定する電磁的記録を保存している場合を含む。）には、当該適格請求書又は当該適格簡易請求書に記載した同条第１項第５号又は第２項第５号に掲げる消費税額等及び当該電磁的記録に記録した消費税額等の合計額に100分の78を乗じる方法（以下３−13において「適格請求書等積上げ方式」という。）により算出した金額とすることができることに留意する。

また、取引先ごと又は事業ごとにそれぞれ別の方式によるなど、総額割戻し方式と適格請求書等積上げ方式を併用することとしても差し支えない。

（注）１ 法第57条の４第２項第５号に掲げる事項につき、適用税率のみを記載した適格簡易請求書には、消費税額等の記載がないため、適格請求書等積上げ方式によることはできない。

（注）２ その課税期間に係る法第45条第１項第２号に掲げる課税標準額に対する消費税額の計算につき、適格請求書等積上げ方式による場合（総額割戻し方式と適格請求書等積上げ方式を併用する場合を含む。）には、法第30条第１項《仕入れに係る消費税額の控除》に規定する課税仕入れに係る消費税額の計算につき、令第46条第３項《課税仕入れに係る支払対価の合計額から割戻す方法による消費税額の計算》に規定する計算の方

　法によることはできない。

（登録前に行った課税資産の譲渡等に係る対価の返還等）

3－14　適格請求書発行事業者が、適格請求書発行事業者の登録を受ける前に行った課税資産の譲渡等（当該事業者が免税事業者であった課税期間に行ったものを除く。）について、登録を受けた日以後に売上げに係る対価の返還等を行う場合には、当該対価の返還等についても法第38条第1項の適用があるが、当該対価の返還等に関する法第57条の4第3項《適格返還請求書の交付義務》の規定の適用はないことに留意する。

（適格請求書発行事業者でなくなった場合の適格返還請求書等の交付）

3－15　適格請求書発行事業者が適格請求書発行事業者でなくなった後において、適格請求書発行事業者であった課税期間において行った課税資産の譲渡等につき、売上げに係る対価の返還等を行った場合には、適格返還請求書を交付しなければならないことに留意する。

（適格返還請求書の交付方法）

3－16　一の事業者に対して、適格請求書及び適格返還請求書（法第57条の4第3項に規定する「適格返還請求書」をいう。以下同じ。）を交付する場合において、それぞれの記載事項を満たすものであれば、一の書類により交付することとしても差し支えない。

　また、その場合の適格請求書に記載すべき同条第1項第4号に掲げる「課税資産の譲渡等に係る税抜価額又は税込価額を税率の異なるごとに区分して合計した金額」と適格返還請求書に記載すべき同条第3項第4号に掲げる「売上げに係る対価の返還等に係る税抜価額又は税込価額を税率の異なるごとに区分して合計した金額」については、継続適用を条件にこれらの金額の差額を記載することで、これらの記載があるものとして取り扱う。この場合において、適格請求書に記載すべき消費税額等（同条第1項第5号に掲げる「消費税額等」をいう。）と適格返還請求書に記載すべき売上げに係る対価の返還等の金額に係る消費税額等（同条第3項第5号に掲げる「売上げに係る対価の返還等の金額に係る消費税額等」をいう。）についても、当該差額に基づき計算した金額を記載することで、これらの記載があるものとする。

（修正適格請求書の記載事項）

3－17　法第57条の4第4項《適格請求書発行事業者の義務》に規定する「修正した適格請求書、適格簡易請求書又は適格返還請求書」には、当初に交付した適格請求書、適格簡易請求書又は適格返還請求書との関連性を明らかにした上で、修正した事項を明示した書類等も含まれることに留意する。

第四　適格請求書等保存方式による仕入税額の控除関係
（家事共用資産を取得した場合の課税仕入れに係る消費税額等）

4－1　個人事業者が資産を事業と家事の用途に共通して消費し、又は使用するものとして取得した場合、その家事消費又は家事使用に係る部分は課税仕入れ

に該当しないことから、令第46条第1項第1号から第5号まで《課税仕入れに係る消費税額の計算》に掲げる消費税額等のうち課税仕入れに係る部分の金額又は同項第6号に掲げる課税仕入れに係る支払対価の額は、事業の用途に消費し、又は使用する部分の金額として、当該資産の消費又は使用の実態に基づく使用率、使用面積割合等の合理的な基準により計算することとなることに留意する。

（立替払に係る適格請求書）

4－2　課税仕入れに係る支払対価の額につき、例えば、複数の事業者が一の事務所を借り受け、複数の事業者が支払うべき賃料を一の事業者が立替払を行った場合のように、当該課税仕入れに係る適格請求書（以下「立替払に係る適格請求書」という。）が当該一の事業者のみに交付され、当該一の事業者以外の各事業者が当該課税仕入れに係る適格請求書の交付を受けることができない場合には、当該一の事業者から立替払に係る適格請求書の写しの交付を受けるとともに、当該各事業者の課税仕入れに係る仕入税額控除に必要な事項が記載された明細書等（以下「明細書等」という。）の交付を受け、これらを併せて保存することにより、当該各事業者の課税仕入れに係る適格請求書の保存があるものとして取り扱う。

　なお、一の事業者が、多数の事業者の課税仕入れに係る支払対価の額につき一括して立替払を行ったことにより、当該一の事業者において立替払に係る適格請求書の写しの作成が大量となり、その写しを交付することが困難であることを理由に、当該一の事業者が立替払に係る適格請求書を保存し、かつ、当該一の事業者以外の各事業者の課税仕入れが適格請求書発行事業者から受けたものかどうかを当該各事業者が確認できるための措置を講じた上で、明細書等のみを交付した場合には、当該各事業者が交付を受けた当該明細書等を保存することにより、当該各事業者の課税仕入れに係る適格請求書の保存があるものとする。

（注）1　当該明細書等の書類に記載する法第57条の4第1項第4号及び第5号《適格請求書発行事業者の義務》に掲げる事項については、課税仕入れを行った事業者ごとに合理的に区分する必要がある。

（注）2　当該各事業者の課税仕入れが適格請求書発行事業者から受けたものかどうかを当事者間で確認できるための措置としては、例えば、当該明細書等に当該各事業者の課税仕入れに係る相手方の氏名又は名称及び登録番号を記載する方法のほか、これらの事項について当該各事業者へ別途書面等により通知する方法又は立替払に関する基本契約書等で明らかにする方法がある。

（課税仕入れに係る消費税額の計算）

4－3　その課税期間に係る法第45条第1項第2号《課税資産の譲渡等及び特定課税仕入れについての確定申告》に掲げる課税標準額に対する消費税の計算につき、同条第5項《消費税額の積上げ計算》の規定の適用を受ける場合には、法第30条第1項《仕入れに係る消費税額の控除》に規定する課税仕入れに係る消費税額の計算につき、令第46条第1項《課税仕入れに係る請求書等による消

費税額の積上げ計算》に規定する計算の方法（以下「請求書等積上げ方式」という。）又は同条第２項《課税仕入れに係る帳簿による消費税額の積上げ計算》に規定する計算の方法（以下「帳簿積上げ方式」という。）によることとなることに留意する。

　また、その課税期間に係る法第45条第１項第２号に掲げる課税標準額に対する消費税額の計算につき、同条第５項の規定の適用を受けない場合には、法第30条第１項に規定する課税仕入れに係る消費税額の計算に関し、請求書等積上げ方式又は帳簿積上げ方式のほか、令第46条第３項《課税仕入れに係る支払対価の合計額から割戻す方法による消費税額の計算》に規定する計算の方法（以下「総額割戻し方式」という。）によることもできるのであるが、請求書等積上げ方式又は帳簿積上げ方式と総額割戻し方式との併用はできないことに留意する。

(注)　請求書等積上げ方式と帳簿積上げ方式との併用は可能である。

（帳簿積上げ方式における「課税仕入れの都度」の意義）

４－４　令第46条第２項《課税仕入れに係る消費税額の計算》に規定する「その課税仕入れの都度、…法第30条第７項に規定する帳簿に記載している場合」には、例えば、課税仕入れに係る適格請求書の交付を受けた際に、当該適格請求書を単位として帳簿に記載している場合のほか、課税期間の範囲内で一定の期間内に行った課税仕入れにつきまとめて交付を受けた適格請求書を単位として帳簿に記載している場合がこれに含まれる。

（帳簿及び請求書等の記載事項の特例）

４－５　法第30条第７項《仕入税額控除に係る帳簿及び請求書等の保存》に規定する課税仕入れ等の税額の控除に係る帳簿及び請求書等に関して同条第８項第１号《仕入税額控除に係る帳簿》、令第49条第４項各号《仕入明細書等の記載事項》及び同条第６項各号《卸売り等に係る一定書類の記載事項》に掲げる記載事項のうち、次のものは、取引先コード、商品コード等の記号、番号等による表示で差し支えない。ただし、表示される記号、番号等により、記載事項である「課税仕入れに係る資産又は役務の内容」、「特定課税仕入れの内容」及び「課税資産の譲渡等に係る資産又は役務の内容」について、その仕入れ又は資産の譲渡等が課税仕入れ又は課税資産の譲渡等かどうか、また、当該資産の譲渡等が課税資産の譲渡等である場合においては、軽減対象課税資産の譲渡等かどうかの判別が明らかとなるものであって、(1)に掲げる記載事項を除き、取引の相手方との間で、表示される記号、番号等の内容が明らかであるものに限るものとする。

(1)　法第30条第８項第１号イに掲げる「課税仕入れの相手方の氏名又は名称」、第２号イに掲げる「特定課税仕入れの相手方の氏名又は名称」、同項第１号ハに掲げる「課税仕入れに係る資産又は役務の内容」及び第２号ハに掲げる「特定課税仕入れの内容」

(2)　令第49条第４項第１号に規定する「書類の作成者の氏名又は名称」、同項第２号に規定する「課税仕入れの相手方の氏名又は名称及び登録番号」及び同項第４号に規定する「課税仕入れに係る資産又は役務の内容」

(3)　令第49条第6項第1号に規定する「書類の作成者の氏名又は名称及び登録番号」、同項第3号に規定する「課税資産の譲渡等に係る資産の内容」及び同項第6号に規定する「書類の交付を受ける事業者の氏名又は名称」

(注)1　令第49条第4項第2号に規定する「課税仕入れの相手方の氏名又は名称及び登録番号」又は令第49条第6項第1号に規定する「書類の作成者の氏名又は名称及び登録番号」につき、取引先コード等の記号、番号等で表示する場合においては、当該記号、番号等により、登録の効力の発生時期に関する変更等の履歴が明らかとなる措置を講じておく必要がある。

2　適格請求書及び適格簡易請求書の取扱いについては、本通達3－3による。

（課税仕入れの相手方の確認を受ける方法）

4－6　法第30条第9項第3号《請求書等の範囲》に規定する「課税仕入れの相手方の確認を受けたもの」とは、保存する仕入明細書等に課税仕入れの相手方の確認の事実が明らかにされたもののほか、例えば、次のようなものが該当する。

(1)　仕入明細書等への記載内容を通信回線等を通じて課税仕入れの相手方の端末機に出力し、確認の通信を受けた上で自己の端末機から出力したもの

(2)　仕入明細書等に記載すべき事項に係る電磁的記録につきインターネットや電子メールなどを通じて課税仕入れの相手方へ提供し、当該相手方からその確認をした旨の通知等を受けたもの

(3)　仕入明細書等の写しを相手方に交付し、又は当該仕入明細書等に記載すべき事項に係る電磁的記録を相手方に提供し、一定期間内に誤りのある旨の連絡がない場合には記載内容のとおりに確認があったものとする基本契約等を締結した場合における当該一定期間を経たもの

（課税仕入れの相手方の住所又は所在地の記載を要しないものとして国税庁長官が指定する者の範囲）

4－7　令第49条第1項第1号《課税仕入れ等の税額の控除に係る帳簿等の記載事項等》に規定する「国税庁長官が指定する者」は次による。

(1)　令第70条の9第2項第1号イからニまで《適格請求書の交付を免除する課税資産の譲渡等の範囲等》に掲げる旅客の運送に係る役務の提供を受けた場合の当該役務の提供を行った者

(2)　規則第26条の6第2号《適格請求書等の交付が困難な課税資産の譲渡等》に規定する郵便の役務及び貨物の運送に係る役務の提供を受けた場合の当該役務の提供を行った者

(3)　規則第15条の4第2号《請求書等の交付を受けることが困難な課税仕入れ》に規定する「その旅行に必要な支出に充てるために事業者がその使用人等又はその退職者等に対して支給する金品」及び同条第3号に規定する「通勤手当」に該当するもののうち、通常必要であると認められる部分に係る課税仕入れを行った場合の当該課税仕入れに係る同条第2号に規定する使用人等又は同号に規定する退職者等及び同条第3号に規定する通勤者

(4) 令第49条第1項第1号ハ(1)から(4)まで《課税仕入れ等の税額の控除に係る帳簿等の記載事項等》に掲げる資産に係る課税仕入れ（同号ハ(1)から(3)までに掲げる資産に係る課税仕入れについては、古物営業法、質屋営業法又は宅地建物取引業法により、これらの業務に関する帳簿等へ相手方の氏名及び住所を記載することとされているもの以外のものに限り、同号ハ(4)に掲げる資産に係る課税仕入れについては、事業者以外の者から受けるものに限る。）を行った場合の当該課税仕入れの相手方

（古物に準ずるものの範囲）

4-8　規則第15条の3《古物に準ずるものの範囲》に規定する「古物営業法（昭和24年法律第108号）第2条…第1項に規定する古物に準ずる物品及び証票」とは、古物営業法上の古物に該当しない、例えば、金、銀、白金といった貴金属の地金やゴルフ会員権がこれに該当する。

　また、同条に規定する「古物営業と同等の取引方法」とは、当該古物に準ずる物品及び証票の買受けに際して、例えば、古物営業法第15条《確認等及び申告》の規定に基づき相手方の住所、氏名等の確認等を行うとともに、同法第16条《帳簿等への記載等》の規定に基づき業務に関する帳簿等への記載等を行うなど、古物商が古物を買い受ける場合と同等の取引方法にあることをいうことに留意する。

（通常必要であると認められる出張旅費、宿泊費、日当等）

4-9　規則第15条の4第2号《請求書等の交付を受けることが困難な課税仕入れ》に規定する「その旅行に必要な支出に充てるために事業者がその使用人等又はその退職者等に対して支給する金品」とは、例えば、事業者が、使用人等（同号に規定する「使用人等」をいう。）又は退職者等（同号に規定する「退職者等」をいう。）が次に掲げる旅行をした場合に、使用人等又は退職者等に出張旅費、宿泊費、日当等として支給する金品がこれに該当するのであるが、同号に規定する課税仕入れは、当該金品のうち、その旅行について通常必要であると認められる部分に係るものに限られることに留意する。

(1)　使用人等が勤務する場所を離れてその職務を遂行するために行う旅行
(2)　使用人等の転任に伴う転居のために行う旅行
(3)　退職者等のその就職又は退職に伴う転居のために行う旅行
(注)　同号に規定する「その旅行について通常必要であると認められる部分」の範囲は、所基通9-3《非課税とされる旅費の範囲》の例により判定する。

（通常必要であると認められる通勤手当）

4-10　規則第15条の4第3号《請求書等の交付を受けることが困難な課税仕入れ》に規定する「通勤者につき通常必要であると認められる部分」とは、事業者が通勤者に支給する通勤手当が、当該通勤者がその通勤に必要な交通機関の利用又は交通用具の使用のために支出する費用に充てるものとした場合に、その通勤に通常必要であると認められるものをいう。したがって、所法令第20条の2各号《非課税とされる通勤手当》に定める金額を超えているかどうかにかかわらないことに留意する。

（控除対象外仕入れに係る支払対価の額の意義）

4-11 控除対象外仕入れに係る支払対価の額（令第75条第8項《控除対象外仕入れに係る調整計算》に規定する「控除対象外仕入れに係る支払対価の額」をいう。以下4-11、4-13及び4-14において同じ。）とは、適格請求書発行事業者以外の者から行った課税仕入れに係る支払対価の額のうち、当該者から行った課税仕入れであることにより、法第30条第1項《仕入れに係る消費税額の控除》の規定の適用を受けないこととなるものに限られるのであるから、例えば、適格請求書発行事業者以外の者から行った課税仕入れに係る支払対価の額であっても、同条第7項括弧書《仕入税額控除に係る帳簿及び請求書等の保存》の規定により同項に規定する帳簿のみの保存によって同条第1項の規定の適用を受けることとなる課税仕入れに係る支払対価の額は、控除対象外仕入れに係る支払対価の額に含まれないことに留意する。

（取戻し対象特定収入の判定単位）

4-12 令第75条第9項《取戻し対象特定収入の判定》に規定する取戻し対象特定収入（令第75条第8項《控除対象外仕入れに係る調整計算》に規定する「取戻し対象特定収入」をいう。以下4-14までにおいて同じ。）の判定は、課税仕入れ等に係る特定収入（令第75条第4項第1号イ《国、地方公共団体等の仕入れに係る消費税額の特例》に規定する「課税仕入れ等に係る特定収入」をいう。以下4-14までにおいて同じ。）ごとに、その課税仕入れ等に係る特定収入により支出された課税仕入れに係る支払対価の額の合計額を基礎として行うこととなる。

　したがって、補助金等の一部の返還があった場合においては、当該返還後の補助金等により支出された課税仕入れに係る支払対価の額の合計額を基礎として、同条第9項に基づく取戻し対象特定収入の判定を行うことに留意する。

（借入金等の返済又は償還のための補助金等の取扱い）

4-13 令第75条第1項第1号《国、地方公共団体等の仕入れに係る消費税額の特例》に規定する借入金等（以下4-13において「借入金等」という。）の返済又は償還のための補助金等（課税仕入れ等に係る特定収入に該当するものに限る。以下4-13において同じ。）の交付を受けた場合の当該補助金等に係る控除対象外仕入れに係る支払対価の額は、当該借入金等に係る事業を行った課税期間において当該借入金等により支出された適格請求書発行事業者以外の者から行った課税仕入れに係る支払対価の額のうち当該補助金等により返済又は償還される部分の金額となる。

　また、この場合における同条第9項《取戻し対象特定収入の判定》に基づく取戻し対象特定収入の判定は、借入金等に係る事業を行った課税期間において当該借入金等により支出された課税仕入れに係る支払対価の額の合計額のうち補助金等により返済又は償還される部分の金額を基礎として行うこととなる。

　なお、同条第8項《控除対象外仕入れに係る調整計算》に規定する取戻し対象特定収入のあった課税期間は、借入金等の返済又は償還のための補助金等が交付された課税期間となることに留意する。

（令第75条第１項第６号ロに規定する文書により控除対象外仕入れに係る支払対価の額の合計額を明らかにしている場合の適用関係）

4－14 令第75条第１項第６号ロ《国、地方公共団体等の仕入れに係る消費税額の特例》に規定する文書により控除対象外仕入れに係る支払対価の額の合計額を明らかにする場合の同条第８項及び第９項《控除対象外仕入れに係る調整計算及び取戻し対象特定収入の判定》の適用については、次による。

(1) 取戻し対象特定収入の判定単位

令第75条第１項第６号ロに規定する文書により使途を特定した課税仕入れ等に係る特定収入であっても、課税仕入れ等に係る特定収入ごとに同条第９項に基づく取戻し対象特定収入の判定を行う。

ただし、その課税仕入れ等に係る特定収入が消費税法基本通達16－2－2(2)ニに掲げる方法により使途を特定したものであって、控除対象外仕入れに係る支払対価の額の合計額についても同様の方法により明らかにしている場合のように課税仕入れ等に係る特定収入ごとに同項に基づく取戻し対象特定収入の判定を行うことが困難な場合においては、当該課税仕入れ等に係る特定収入をまとめて、当該判定を行うこととして差し支えない。

(注) 「使途を特定」とは、令第75条第１項第６号及び同条第４項に規定する「…のためにのみ使用することとされている…」に該当することとなる場合をいう。

(2) 控除対象外仕入れに係る支払対価の額

消費税法基本通達16－2－2(2)ニに掲げる方法と同様の方法により、課税期間における支出を基礎として按分計算を行うことで控除対象外仕入れに係る支払対価の額の合計額を明らかにする場合において、当該按分計算により算出した額を控除対象外仕入れに係る支払対価の額として、令第75条第８項及び第９項を適用することは差し支えない。

第五 経過措置関係
（免税事業者に係る適格請求書発行事業者の登録申請に関する経過措置）

5－1 28年改正法附則第44条第４項《適格請求書発行事業者の登録等に関する経過措置》の規定により、適格請求書発行事業者の登録開始日（同条第３項に規定する「登録開始日」をいう。）が令和５年10月１日から令和11年９月30日までの日の属する課税期間中である適格請求書発行事業者の登録がされた場合には、当該登録開始日から当該課税期間の末日までの間における課税資産の譲渡等及び特定課税仕入れについては、法第９条第１項本文《小規模事業者に係る納税義務の免除》の規定は適用されないのであるから、当該課税期間において免税事業者である事業者が適格請求書発行事業者の登録を受けようとする場合には、登録申請書のみを提出すればよく、課税事業者選択届出書の提出を要しないことに留意する。

(注) 28年改正法附則第44条第４項の規定の適用を受け、令和５年10月１日から令和11年９月30日までの日の属する課税期間中に適格請求書発行事業者の登録を受けた事業者は、当該登録を受けた課税期間の翌課税期間以後の課税期間についても法第９条第１項本文の規定の適用はないこととなる。

なお、当該事業者（適格請求書発行事業者の登録を受けていないとすれ

ば、同項本文の規定の適用がある事業者に限る。）は、登録開始日の属する課税期間が令和5年10月1日を含む場合、法第57条の2第10項第1号《適格請求書発行事業者の登録の取消しを求める場合の届出》に規定する適格請求書発行事業者の登録の取消しを求める旨の届出書を提出し、当該登録の取消しを受けることで、法第9条第1項本文の規定が適用されるが、登録開始日の属する課税期間が令和5年10月1日を含まない場合、登録開始日の属する課税期間の翌課税期間から登録開始日以後2年を経過する日の属する課税期間までの各課税期間については、同項本文の規定は適用されない。

（困難な事情がある場合の意義）

5−2　改正令附則第15条に規定する「困難な事情」については、28年改正法附則第44条第1項ただし書に規定する5年施行日の6月前の日（法第9条の2第1項の規定により法第9条第1項本文の規定の適用を受けないこととなる事業者にあっては、5年施行日の3月前の日）までに登録申請書を提出することにつき困難な事情があれば、その困難の度合いを問わず、改正令附則第15条に規定する経過措置を適用することができることに留意する。

(注)　5年施行日とは、28年改正法附則第32条第3項に規定する「5年施行日」をいい、具体的には令和5年10月1日を指す。

電子計算機を使用して作成する国税関係帳簿書類の保存方法等の特例に関する法律（平成10年法律第25号）〔電子帳簿保存法〕（抜粋）

（定義）
第2条 この法律において、次の各号に掲げる用語の意義は、当該各号に定めるところによる。

一 国税 国税通則法（昭和37年法律第66号）第2条第1号（定義）に規定する国税をいう。

二 国税関係帳簿書類 国税関係帳簿（国税に関する法律の規定により備付け及び保存をしなければならないこととされている帳簿（輸入品に対する内国消費税の徴収等に関する法律（昭和30年法律第37号）第16条第11項（保税工場等において保税作業をする場合等の内国消費税の特例）に規定する帳簿を除く。）をいう。以下同じ。）又は国税関係書類（国税に関する法律の規定により保存をしなければならないこととされている書類をいう。以下同じ。）をいう。

三 電磁的記録 電子的方式、磁気的方式その他の人の知覚によっては認識することができない方式（第5号において「電磁的方式」という。）で作られる記録であって、電子計算機による情報処理の用に供されるものをいう。

四 保存義務者 国税に関する法律の規定により国税関係帳簿書類の保存をしなければならないこととされている者をいう。

五 電子取引 取引情報（取引に関して受領し、又は交付する注文書、契約書、送り状、領収書、見積書その他これらに準ずる書類に通常記載される事項をいう。以下同じ。）の授受を電磁的方式により行う取引をいう。

六 電子計算機出力マイクロフィルム 電子計算機を用いて電磁的記録を出力することにより作成するマイクロフィルムをいう。

（他の国税に関する法律との関係）
第3条 国税関係帳簿書類の備付け又は保存及び国税関係書類以外の書類の保存については、他の国税に関する法律に定めるもののほか、この法律の定めるところによる。

（国税関係帳簿書類の電磁的記録による保存等）
第4条 保存義務者は、国税関係帳簿（財務省令で定めるものを除く。以下この項、次条第1項及び第3項並びに第8条第1項及び第4項において同じ。）の全部又は一部について、自己が最初の記録段階から一貫して電子計算機を使用して作成する場合には、財務省令で定めるところにより、当該国税関係帳簿に係る電磁的記録の備付け及び保存をもって当該国税関係帳簿の備付け及び保存に代えることができる。

2 保存義務者は、国税関係書類の全部又は一部について、自己が一貫して電子計算機を使用して作成する場合には、財務省令で定めるところにより、当該国税関係書類に係る電磁的記録の保存をもって当該国税関係書類の保存に代えることができる。

3 前項に規定するもののほか、保存義務者は、国税関係書類（財務省令で定め

るものを除く。以下この項において同じ。）の全部又は一部について、当該国税関係書類に記載されている事項を財務省令で定める装置により電磁的記録に記録する場合には、財務省令で定めるところにより、当該国税関係書類に係る電磁的記録の保存をもって当該国税関係書類の保存に代えることができる。この場合において、当該国税関係書類に係る電磁的記録の保存が当該財務省令で定めるところに従って行われていないとき（当該国税関係書類の保存が行われている場合を除く。）は、当該保存義務者は、当該電磁的記録を保存すべき期間その他の財務省令で定める要件を満たして当該電磁的記録を保存しなければならない。

（国税関係帳簿書類の電子計算機出力マイクロフィルムによる保存等）

第5条　保存義務者は、国税関係帳簿の全部又は一部について、自己が最初の記録段階から一貫して電子計算機を使用して作成する場合には、財務省令で定めるところにより、当該国税関係帳簿に係る電磁的記録の備付け及び当該電磁的記録の電子計算機出力マイクロフィルムによる保存をもって当該国税関係帳簿の備付け及び保存に代えることができる。

2　保存義務者は、国税関係書類の全部又は一部について、自己が一貫して電子計算機を使用して作成する場合には、財務省令で定めるところにより、当該国税関係書類に係る電磁的記録の電子計算機出力マイクロフィルムによる保存をもって当該国税関係書類の保存に代えることができる。

3　前条第1項の規定により国税関係帳簿に係る電磁的記録の備付け及び保存をもって当該国税関係帳簿の備付け及び保存に代えている保存義務者又は同条第2項の規定により国税関係書類に係る電磁的記録の保存をもって当該国税関係書類の保存に代えている保存義務者は、財務省令で定める場合には、当該国税関係帳簿又は当該国税関係書類の全部又は一部について、財務省令で定めるところにより、当該国税関係帳簿又は当該国税関係書類に係る電磁的記録の電子計算機出力マイクロフィルムによる保存をもって当該国税関係帳簿又は当該国税関係書類に係る電磁的記録の保存に代えることができる。

電子計算機を使用して作成する国税関係帳簿書類の保存方法等の特例に関する法律施行規則（平成10年大蔵省令第43号）〔電子帳簿保存法施行規則〕（抜粋）

（国税関係帳簿書類の電磁的記録による保存等）

第2条 法第4条第1項に規定する財務省令で定める国税関係帳簿は、所得税法（昭和40年法律第33号）又は法人税法（昭和40年法律第34号）の規定により備付け及び保存をしなければならないこととされている帳簿であって、資産、負債及び資本に影響を及ぼす一切の取引につき、正規の簿記の原則（同法の規定により備付け及び保存をしなければならないこととされている帳簿にあっては、複式簿記の原則）に従い、整然と、かつ、明瞭に記録されているもの以外のものとする。

2 法第4条第1項の規定により国税関係帳簿（同項に規定する国税関係帳簿をいう。第6項第4号を除き、以下同じ。）に係る電磁的記録の備付け及び保存をもって当該国税関係帳簿の備付け及び保存に代えようとする保存義務者は、次に掲げる要件（当該保存義務者が第5条第5項第1号に定める要件に従って当該電磁的記録の備付け及び保存を行っている場合には、第3号に掲げる要件を除く。）に従って当該電磁的記録の備付け及び保存をしなければならない。

一　当該国税関係帳簿に係る電磁的記録の備付け及び保存に併せて、次に掲げる書類（当該国税関係帳簿に係る電子計算機処理に当該保存義務者が開発したプログラム（電子計算機に対する指令であって、一の結果を得ることができるように組み合わされたものをいう。以下この項及び第6項第5号において同じ。）以外のプログラムを使用する場合にはイ及びロに掲げる書類を除くものとし、当該国税関係帳簿に係る電子計算機処理を他の者（当該電子計算機処理に当該保存義務者が開発したプログラムを使用する者を除く。）に委託している場合にはハに掲げる書類を除くものとする。）の備付けを行うこと。

　イ　当該国税関係帳簿に係る電子計算機処理システム（電子計算機処理に関するシステムをいう。以下同じ。）の概要を記載した書類

　ロ　当該国税関係帳簿に係る電子計算機処理システムの開発に際して作成した書類

　ハ　当該国税関係帳簿に係る電子計算機処理システムの操作説明書

　ニ　当該国税関係帳簿に係る電子計算機処理並びに当該国税関係帳簿に係る電磁的記録の備付け及び保存に関する事務手続を明らかにした書類（当該電子計算機処理を他の者に委託している場合には、その委託に係る契約書並びに当該国税関係帳簿に係る電磁的記録の備付け及び保存に関する事務手続を明らかにした書類）

二　当該国税関係帳簿に係る電磁的記録の備付け及び保存をする場所に当該電磁的記録の電子計算機処理の用に供することができる電子計算機、プログラム、ディスプレイ及びプリンタ並びにこれらの操作説明書を備え付け、当該電磁的記録をディスプレイの画面及び書面に、整然とした形式及び明瞭な状態で、速やかに出力することができるようにしておくこと。

三　国税に関する法律の規定による当該国税関係帳簿に係る電磁的記録の提示又は提出の要求に応じることができるようにしておくこと。

3　前項の規定は、法第4条第2項の規定により国税関係書類（法第2条第2号に規定する国税関係書類をいう。以下同じ。）に係る電磁的記録の保存をもって当該国税関係書類の保存に代えようとする保存義務者の当該電磁的記録の保存について準用する。この場合において、前項中「第5条第5項第1号に定める要件に従って当該電磁的記録の備付け及び」とあるのは、「当該電磁的記録の記録事項の検索をすることができる機能（取引年月日その他の日付を検索の条件として設定すること及びその範囲を指定して条件を設定することができるものに限る。）を確保して当該電磁的記録の」と読み替えるものとする。

4　法第4条第3項に規定する財務省令で定める書類は、国税関係書類のうち、棚卸表、貸借対照表及び損益計算書並びに計算、整理又は決算に関して作成されたその他の書類とする。

5　法第4条第3項に規定する財務省令で定める装置は、スキャナとする。

6　法第4条第3項の規定により国税関係書類（同項に規定する国税関係書類に限る。以下この条において同じ。）に係る電磁的記録の保存をもって当該国税関係書類の保存に代えようとする保存義務者は、次に掲げる要件（当該保存義務者が国税に関する法律の規定による当該電磁的記録の提示又は提出の要求に応じることができるようにしている場合には、第6号（ロ及びハに係る部分に限る。）に掲げる要件を除く。）に従って当該電磁的記録の保存をしなければならない。

一　次に掲げる方法のいずれかにより入力すること。

　イ　当該国税関係書類に係る記録事項の入力をその作成又は受領後、速やかに行うこと。

　ロ　当該国税関係書類に係る記録事項の入力をその業務の処理に係る通常の期間を経過した後、速やかに行うこと（当該国税関係書類の作成又は受領から当該入力までの各事務の処理に関する規程を定めている場合に限る。）。

二　前号の入力に当たっては、次に掲げる要件（当該保存義務者が同号イ又はロに掲げる方法により当該国税関係書類に係る記録事項を入力したことを確認することができる場合にあっては、ロに掲げる要件を除く。）を満たす電子計算機処理システムを使用すること。

　イ　スキャナ（次に掲げる要件を満たすものに限る。）を使用する電子計算機処理システムであること。

　（1）　解像度が、日本産業規格（産業標準化法（昭和24年法律第185号）第20条第1項（日本産業規格）に規定する日本産業規格をいう。以下同じ。）Ｚ六〇一六附属書ＡのＡ・一・二に規定する一般文書のスキャニング時の解像度である25.4ミリメートル当たり200ドット以上で読み取るものであること。

　（2）　赤色、緑色及び青色の階調がそれぞれ256階調以上で読み取るものであること。

　ロ　当該国税関係書類の作成又は受領後、速やかに一の入力単位ごとの電磁的記録の記録事項に総務大臣が認定する時刻認証業務（電磁的記録に記録された情報にタイムスタンプを付与する役務を提供する業務をいう。）に係るタイムスタンプ（次に掲げる要件を満たすものに限る。以下この号並

びに第4条第1項第1号及び第2号において「タイムスタンプ」という。）を付すこと（当該国税関係書類の作成又は受領から当該タイムスタンプを付すまでの各事務の処理に関する規程を定めている場合にあっては、その業務の処理に係る通常の期間を経過した後、速やかに当該記録事項に当該タイムスタンプを付すこと）。

(1) 当該記録事項が変更されていないことについて、当該国税関係書類の保存期間（国税に関する法律の規定により国税関係書類の保存をしなければならないこととされている期間をいう。）を通じ、当該業務を行う者に対して確認する方法その他の方法により確認することができること。

(2) 課税期間（国税通則法第2条第9号（定義）に規定する課税期間をいう。第5条第2項において同じ。）中の任意の期間を指定し、当該期間内に付したタイムスタンプについて、一括して検証することができること。

ハ　当該国税関係書類をスキャナで読み取った際の次に掲げる情報（当該国税関係書類の作成又は受領をする者が当該国税関係書類をスキャナで読み取る場合において、当該国税関係書類の大きさが日本産業規格A列四番以下であるときは、(1)に掲げる情報に限る。）を保存すること。

(1) 解像度及び階調に関する情報
(2) 当該国税関係書類の大きさに関する情報

ニ　当該国税関係書類に係る電磁的記録の記録事項について、次に掲げる要件のいずれかを満たす電子計算機処理システムであること。

(1) 当該国税関係書類に係る電磁的記録の記録事項について訂正又は削除を行った場合には、これらの事実及び内容を確認することができること。

(2) 当該国税関係書類に係る電磁的記録の記録事項について訂正又は削除を行うことができないこと。

三　当該国税関係書類に係る記録事項の入力を行う者又はその者を直接監督する者に関する情報を確認することができるようにしておくこと。

四　当該国税関係書類に係る電磁的記録の記録事項と当該国税関係書類に関連する法第2条第2号に規定する国税関係帳簿の記録事項（当該国税関係帳簿が、法第4条第1項の規定により当該国税関係帳簿に係る電磁的記録の備付け及び保存をもって当該国税関係帳簿の備付け及び保存に代えられているもの又は法第5条第1項若しくは第3項の規定により当該電磁的記録の備付け及び当該電磁的記録の電子計算機出力マイクロフィルムによる保存をもって当該国税関係帳簿の備付け及び保存に代えられているものである場合には、当該電磁的記録又は当該電子計算機出力マイクロフィルムの記録事項）との間において、相互にその関連性を確認することができるようにしておくこと。

五　当該国税関係書類に係る電磁的記録の保存をする場所に当該電磁的記録の電子計算機処理の用に供することができる電子計算機、プログラム、映像面の最大径が35センチメートル以上のカラーディスプレイ及びカラープリンタ並びにこれらの操作説明書を備え付け、当該電磁的記録をカラーディスプレイの画面及び書面に、次のような状態で速やかに出力することができるようにしておくこと。

イ　整然とした形式であること。

　　ロ　当該国税関係書類と同程度に明瞭であること。

　　ハ　拡大又は縮小して出力することが可能であること。

　　ニ　国税庁長官が定めるところにより日本産業規格Ｚ八三〇五に規定する４
　　　ポイントの大きさの文字を認識することができること。

　六　当該国税関係書類に係る電磁的記録の記録事項の検索をすることができる
　　機能（次に掲げる要件を満たすものに限る。）を確保しておくこと。

　　イ　取引年月日その他の日付、取引金額及び取引先（ロ及びハにおいて「記
　　　録項目」という。）を検索の条件として設定することができること。

　　ロ　日付又は金額に係る記録項目については、その範囲を指定して条件を設
　　　定することができること。

　　ハ　二以上の任意の記録項目を組み合わせて条件を設定することができるこ
　　　と。

　七　第２項第１号の規定は、法第４条第３項の規定により国税関係書類に係る
　　電磁的記録の保存をもって当該国税関係書類の保存に代えようとする保存義
　　務者の当該電磁的記録の保存について準用する。

7　法第４条第３項の規定により国税関係書類に係る電磁的記録の保存をもって
　当該国税関係書類の保存に代えようとする保存義務者は、当該国税関係書類の
　うち国税庁長官が定める書類（以下この項及び第９項において「一般書類」と
　いう。）に記載されている事項を電磁的記録に記録する場合には、前項第１号
　及び第２号ハ（(2)に係る部分に限る。）に掲げる要件にかかわらず、当該電磁
　的記録の保存に併せて、当該電磁的記録の作成及び保存に関する事務の手続を
　明らかにした書類（当該事務の責任者が定められているものに限る。）の備付
　けを行うことにより、当該一般書類に係る電磁的記録の保存をすることができ
　る。この場合において、同項の規定の適用については、同号イ(2)中「赤色、緑
　色及び青色の階調がそれぞれ」とあるのは「白色から黒色までの階調が」と、
　同号ロ中「又は受領後、速やかに」とあるのは「若しくは受領後速やかに、又
　は当該国税関係書類をスキャナで読み取る際に、」と、「、速やかに当該」とあ
　るのは「速やかに、又は当該国税関係書類をスキャナで読み取る際に、当該」と、
　同項第５号中「カラーディスプレイ」とあるのは「ディスプレイ」と、「カラー
　プリンタ」とあるのは「プリンタ」とする。

8　法第４条第３項の保存義務者が、災害その他やむを得ない事情により、同項
　前段に規定する財務省令で定めるところに従って同項前段の国税関係書類に係
　る電磁的記録の保存をすることができなかったことを証明した場合には、前２
　項の規定にかかわらず、当該電磁的記録の保存をすることができる。ただし、
　当該事情が生じなかったとした場合において、当該財務省令で定めるところに
　従って当該電磁的記録の保存をすることができなかったと認められるときは、
　この限りでない。

9　法第４条第３項の規定により国税関係書類に係る電磁的記録の保存をもって
　当該国税関係書類の保存に代えている保存義務者は、当該国税関係書類のうち
　当該国税関係書類の保存に代える日（第２号において「基準日」という。）前
　に作成又は受領をした書類（一般書類を除く。以下第11項までにおいて「過去
　分重要書類」という。）に記載されている事項を電磁的記録に記録する場合に
　おいて、あらかじめ、その記録する事項に係る過去分重要書類の種類及び次に

掲げる事項を記載した届出書（以下この項及び次項において「適用届出書」という。）を納税地等の所轄税務署長（当該過去分重要書類が、酒税法施行令（昭和37年政令第97号）第52条第4項ただし書（記帳義務）、たばこ税法施行令（昭和60年政令第5号）第17条第5項ただし書（記帳義務）、揮発油税法施行令（昭和32年政令第57号）第17条第5項ただし書（記帳義務）、石油ガス税法施行令（昭和41年政令第5号）第21条第4項ただし書（記帳義務）若しくは石油石炭税法施行令（昭和53年政令第132号）第20条第8項ただし書（記帳義務）の書類若しくは輸入の許可書、消費税法施行規則（昭和63年大蔵省令第53号）第27条第6項（帳簿の記載事項等）の書類若しくは輸入の許可があったことを証する書類又は国際観光旅客税法施行令（平成30年政令第161号）第7条ただし書（同条の国外事業者に係る部分に限る。）（記帳義務）に規定する旅客名簿である場合にあっては、納税地等の所轄税関長。次項において「所轄税務署長等」という。）に提出したとき（従前において当該過去分重要書類と同一の種類の書類に係る適用届出書を提出していない場合に限る。）は、第6項第1号に掲げる要件にかかわらず、当該電磁的記録の保存に併せて、当該電磁的記録の作成及び保存に関する事務の手続を明らかにした書類（当該事務の責任者が定められているものに限る。）の備付けを行うことにより、当該過去分重要書類に係る電磁的記録の保存をすることができる。この場合において、同項の規定の適用については、同項第2号ロ中「の作成又は受領後、速やかに」とあるのは「をスキャナで読み取る際に、」と、「こと（当該国税関係書類の作成又は受領から当該タイムスタンプを付すまでの各事務の処理に関する規程を定めている場合にあっては、その業務の処理に係る通常の期間を経過した後、速やかに当該記録事項に当該タイムスタンプを付すこと）」とあるのは「こと」と、同号ハ中「情報（当該国税関係書類の作成又は受領をする者が当該国税関係書類をスキャナで読み取る場合において、当該国税関係書類の大きさが日本産業規格A列四番以下であるときは、(1)に掲げる情報に限る。）」とあるのは「情報」とする。

一　届出者の氏名又は名称、住所若しくは居所又は本店若しくは主たる事務所の所在地及び法人番号（行政手続における特定の個人を識別するための番号の利用等に関する法律（平成25年法律第27号）第2条第15項（定義）に規定する法人番号をいう。以下この号及び第5条第1項から第3項までにおいて同じ。）（法人番号を有しない者にあっては、氏名又は名称及び住所若しくは居所又は本店若しくは主たる事務所の所在地）

二　基準日

三　その他参考となるべき事項

10　前項の保存義務者は、同項の規定の適用を受けようとする過去分重要書類につき、所轄税務署長等のほかに適用届出書の提出に当たり便宜とする税務署長（以下この項において「所轄外税務署長」という。）がある場合において、当該所轄外税務署長がその便宜とする事情について相当の理由があると認めたときは、当該所轄外税務署長を経由して、その便宜とする事情の詳細を記載した適用届出書を当該所轄税務署長等に提出することができる。この場合において、当該適用届出書が所轄外税務署長に受理されたときは、当該適用届出書は、その受理された日に所轄税務署長等に提出されたものとみなす。

11　第9項の規定により過去分重要書類に係る電磁的記録の保存をする保存義務

者が、災害その他やむを得ない事情により、法第4条第3項前段に規定する財務省令で定めるところに従って当該電磁的記録の保存をすることができないこととなったことを証明した場合には、第9項の規定にかかわらず、当該電磁的記録の保存をすることができる。ただし、当該事情が生じなかったとした場合において、当該財務省令で定めるところに従って当該電磁的記録の保存をすることができないこととなったと認められるときは、この限りでない。

12　法第4条第3項後段に規定する財務省令で定める要件は、同項後段の国税関係書類に係る電磁的記録について、当該国税関係書類の保存場所に、国税に関する法律の規定により当該国税関係書類の保存をしなければならないこととされている期間、保存が行われることとする。

電子帳簿保存法取扱通達（抜粋）

（範囲を指定して条件を設定することの意義）

4－10　規則第２条第６項第６号ロ《検索機能の確保》及び第５条第５項第１号ハ(2)《優良な電子帳簿に関する検索機能の確保》に規定する「その範囲を指定して条件を設定することができる」とは、課税期間ごとに、日付又は金額の任意の範囲を指定して条件設定を行い検索ができることをいうことに留意する。

（電磁的記録の提示又は提出の要求に応じる場合の意義）

4－14　規則第２条第２項第３号及び第６項、第４条第１項並びに第５条第５項の「国税に関する法律の規定による……電磁的記録の提示又は提出の要求に応じること」とは、法の定めるところにより備付け及び保存が行われている国税関係帳簿又は保存が行われている国税関係書類若しくは電子取引の取引情報に係る電磁的記録について、税務職員から提示又は提出の要求（以下４－14において「ダウンロードの求め」という。）があった場合に、そのダウンロードの求めに応じられる状態で電磁的記録の保存等を行い、かつ、実際にそのダウンロードの求めがあった場合には、その求めに応じることをいうのであり、「その要求に応じること」とは、当該職員の求めの全てに応じた場合をいうのであって、その求めに一部でも応じない場合はこれらの規定の適用（電子帳簿等保存制度の適用・検索機能の確保の要件の緩和）は受けられないことに留意する。

　したがって、その求めに一部でも応じず、かつ、規則第２条第６項第６号に掲げる要件（検索機能の確保に関する要件の全て）又は第５条第５項に定める要件（優良な電子帳簿に関する要件。なお、国税関係書類については、これに相当する要件）が備わっていなかった場合には、規則第２条第２項、第３項、若しくは第６項、第３条又は第４条第１項の規定の適用に当たって、要件に従って保存等が行われていないこととなるから、その保存等がされている電磁的記録又は電子計算機出力マイクロフィルムは国税関係帳簿又は国税関係書類とはみなされないこととなる（電子取引の取引情報に係る電磁的記録については国税関係書類以外の書類とみなされないこととなる）ことに留意する。

　また、当該ダウンロードの求めの対象については、法の定めるところにより備付け及び保存が行われている国税関係帳簿又は保存が行われている国税関係書類若しくは電子取引の取引情報に係る電磁的記録が対象となり、ダウンロードの求めに応じて行われる当該電磁的記録の提出については、税務職員の求めた状態で提出される必要があることに留意する。

（スキャナ保存における訂正削除の履歴の確保の適用）

4－25　規則第２条第６項第２号ニ(1)《スキャナ保存における訂正削除の履歴の確保》に規定する「国税関係書類に係る電磁的記録の記録事項について訂正又は削除を行った場合」とは、既に保存されている電磁的記録を訂正又は削除した場合をいうのであるから、例えば、受領した国税関係書類の書面に記載された事項の訂正のため、相手方から新たに国税関係書類を受領しスキャナで読み取った場合などは、新たな電磁的記録として保存しなければならないことに留

意する。

（スキャナ保存における訂正削除の履歴の確保の方法）

4－27　規則第2条第6項第2号ニ(1)《スキャナ保存における訂正削除の履歴の確保》に規定する「これらの事実及び内容を確認することができる」とは、電磁的記録を訂正した場合は、例えば、上書き保存されず、訂正した後の電磁的記録が新たに保存されること、又は電磁的記録を削除しようとした場合は、例えば、当該電磁的記録は削除されずに削除したという情報が新たに保存されることをいう。

　したがって、スキャナで読み取った最初のデータと保存されている最新のデータが異なっている場合は、その訂正又は削除の履歴及び内容の全てを確認することができる必要があることに留意する。

　なお、削除の内容の全てを確認することができるとは、例えば、削除したという情報が記録された電磁的記録を抽出し、内容を確認することができることをいう。

参考文献等

令和３年改正消費税経理通達Ｑ＆Ａ（令和３年２月）
消費税の仕入税額控除制度における適格請求書保存方式に関するＱ＆Ａ
（平成30年６月（令和４年４月改訂））
消費税の仕入税額控除制度における適格請求書等方式に関する取扱い通達の制定
について（法令解釈通達）（平成30年６月６日（最終改正令和４年６月28日））
制度創設の背景　国税庁HP
www.nta.go.jp/law/joho-zeikaishaku/sonota/jirei/01.htm
電子帳簿保存法の概要　国税庁HP
www.nta.go.jp/law/joho-zeikaishaku/sonota/jirei/02.htm
電子帳簿保存法一問一答【電子計算機を使用して作成する帳簿書類関係】
（令和４年６月）
電子帳簿保存法一問一答【スキャナ保存関係】（令和４年６月）
電子帳簿保存法一問一答【電子取引関係】（令和４年６月）
以上　国税庁
週刊税務通信「インボイス制度下もクレカの領収書等を保存」
（3711号　2022年７月11日）
〃　「高速道路料金のインボイス対応の方針が判明」
（3713号　2022年７月25日）
〃　「銀行取引のインボイス対応特集」（3715号　2022年８月８日）
改正国税通則法の実務対応　永橋　利志（2013年６月）、税務研究会
以上　税務研究会

著者紹介

税理士　永橋　利志（ながはし　さとし）

【略歴】
関西学院大学商学部卒業
平成12年　永橋利志税理士事務所開業
現在　日本税理士会連合会理事、近畿税理士会副会長
第64回・65回・66回税理士試験　試験委員

【主な著書】
「消費税　はじめて複数税率で申告するための本」税務研究会出版局
「税理士業務に必要な税理士法と実務」共著　税務研究会
　　　　　　　　　　　　　　　　　　　　税研情報センター
「改正　国税通則法の実務対応」税務研究会出版局
「最新版「中小企業の会計に関する指針」ガイドブック」共著　清文社
「「更正の請求」を巡る税務処理と実務対応」税務研究会出版局
「経営に役立つ中小企業会計要領の実務対応」共著、ぎょうせい

本書の内容に関するご質問は、税務研究会ホームページのお問い合わせフォーム（https://www.zeiken.co.jp/contact/request/）よりお願い致します。なお、個別のご相談は受け付けておりません。

　本書刊行後に追加・修正事項がある場合は、随時、当社のホームページ（https://www.zeiken.co.jp/）にてお知らせ致します。

**税理士事務所における
インボイス・電子帳簿の実務対応**

令和5年1月20日　初版第1刷印刷　　　　　（著者承認検印省略）
令和5年1月30日　初版第1刷発行

ⓒ著　者　　永　橋　利　志

発行所　　税　務　研　究　会　出　版　局

週　刊「税務通信」
　　　「経営財務」発行所

代表者　山　根　　　　毅

郵便番号100-0005
東京都千代田区丸の内1-8-2（鉄鋼ビルディング）

https://www.zeiken.co.jp

乱丁・落丁の場合は、お取替え致します。　　　印刷・製本　奥村印刷株式会社
ISBN978-4-7931-2733-5